LES ROUGES

PEINTS
PAR EUX-MÊMES

Biographies intimes

PAR

CHARLES DE LA VARENNE

Lutum cum veneno.
Boue et poison.

TACITE.

Première Partie.
Ex - Gouvernants

Deuxième partie
Les Représentants

Troisième partie
Les Grotesques

PARIS

ALLOUARD ET KAEPPELIN
Libraires-Éditeurs-Commissionnaires
SUCCESSEURS DE P. DUFART ET DE G^{el} WARÉE
12, rue de Seine

1850

LES ROUGES

PEINTS

PAR EUX-MÊMES.

PARIS. — IMPRIMERIE DE J.-B. GROS,
Rue du Foin-St-Jacques, 18.

Pour la seconde fois, depuis un an, j'affronte les haines politiques et les orages de la publicité.

Pour la seconde fois, je jette le gant aux sycophantes révolutionnaires qui pensèrent un moment faire de moi leur complice.

Mais d'abord, précisons nettement mon passé, mes actes, mes tendances, afin que, dans l'avenir, devant mon nom, toute équivoque disparaisse.

Petit fils de Maton de La Varenne, le défenseur proscrit du Roi-Martyr; et remontant, d'aïeux en aïeux, jusqu'à Florent de La Varenne, premier amiral de France, qui commandait la flotte royale quand saint Louis expira sur les plages d'Afrique, je suis du sang des Croisés.

Comment ces traditions vénérables avaient-elles pu s'effacer de mon âme?

Demandez-le aux doctrines révolutionnaires dont

l'Université empoisonne, depuis vingt ans, les sources de la famille; demandez-le aux déclamations ardentes de Quinet l'athée, et de Michelet, le précurseur de la nouvelle Montagne.

Au premier glas du tocsin de février, je quittais l'École de Droit. Sur les vagues lointaines de l'océan populaire, je vis errer les fantômes conventionnels dont l'enseignement public m'avait fait l'apothéose. Enivré par la fumée du combat, j'oubliai ma race égorgée par cette république qui ressuscitait les pieds dans le sang et le front dans la boue. Je suivis le torrent qui bondissait vers l'Hôtel de Ville. Ce vertige dura huit jours.

J'étudiai, jusqu'au fond de leur conscience, les hommes qui prétendaient confisquer les destins de ma patrie. Je n'aperçus, dans leur cénacle orgueilleux, que rapine, lâcheté de cœur, duplicité, corruption plus gangrénée que celle du pouvoir dont ils héritaient.

Je condamnai ces hommes, et pourtant je croyais encore aux idées.

Les scènes de mai et de juin 1848 dessillèrent mes yeux; et cependant j'attendais encore. J'écrivis, contre les fourbes qui avaient mis Paris en coupe sanglante, et qui n'avaient point la pudeur de se voiler la face devant l'indignation de la France, j'écrivis *Le Gouvernement provisoire et l'hôtel de Ville dévoilés*. Mais dans cet opuscule perçait l'hésitation de ma pensée. On glisse rapidement sur la pente des abîmes; on ne la remonte que pas à pas, en s'accrochant aux ronces qui la bordent.

Mais quand il me fut donné de voir des gâcheurs de plâtre et des apothicaires, des échappés de prison et des chevaliers d'industrie, des rôdeurs de tripots et des courtiers-marrons, des avocats tarés et des soldats pêchés dans les salles de police, des généraux de barricades et jusqu'à des escrocs, parodier au sein de l'Assemblée nationale, dans la presse, dans les clubs électoraux, partout enfin, la hideuse tragédie des jours de la TERREUR, je m'éveillai, comme un homme qui sort du cauchemar; et je sondai le vrai sens de ces mots :

Egalité — DÉMOCRATIE — RÉPUBLIQUE.

Egalité, dans le jargon des sectaires qui ameutent contre nous les passions de la plèbe, signifie *abaissement de tous au niveau du crétinisme armé ;*

Démocratie, c'est le triomphe du frélon sur l'abeille ;

République, c'est la conspiration permanente de chacun contre tous, et de tous contre chacun.

Détournant mes regards de ce chaos, pour chercher des régions plus heureuses, j'ai senti se ranimer dans mon sein le feu sacré des souvenirs.

Les glorieuses traditions dont on avait charmé mon berceau me revinrent en mémoire ; le drapeau dont les plis frappèrent mes premiers regards flotta devant moi ; des noms que j'avais appris à balbutier avec amour vinrent caresser mes lèvres ; — le sang de mes pères tressaillit.

Longtemps égaré dans un désert, je retrouvai mes pas ; — Dieu rendait à mes yeux la lumière, la vérité à mon cœur.

Je m'inclinai devant le principe immuable comme
ce qui est vrai, éternel comme ce qui est juste, qui,
pendant quatorze ans, avait tenu la France au premier rang des nations.

Et je me vouai à cette cause sainte avec toute l'ardeur d'une âme qui s'éclaire; mes faibles efforts sont
désormais tous à elle.

Je ne passe point dans le camp des vainqueurs ; — la
Royauté n'est pas aux Tuileries.

Peut-être de mauvais jours éprouveront-ils bientôt
les courages. Quant à moi, ferme et invariable, la foi
de mes aïeux me servira de phare dans les sombres
tourmentes de l'avenir.

J'arrive, avant l'heure de la lutte suprême, sur le
champ de bataille où campent les idées qui nous divi-
sent. J'ai foi au triomphe de l'intelligence, quand je
vois la révolution perdre, un à un, peu à peu, les esprits
éminents que son prestige avait séduits.

Mais il est temps de compter ses forces; car, autour
de nous, les bandes voraces qui ont inscrit sur leur
drapeau la souveraineté de la rue, montent, de tous
côtés, à l'assaut de la civilisation. Les hommes de proie
sapent, à coups redoublés, le monde de nos pères, le
foyer de la famille chrétienne, de la morale, de la propriété. A leur tête se signale une poignée d'ambitieux
sans nom, sans patrie, sans croyances; race parasite, à
qui tout est bon pourvu qu'elle fasse curée, à qui rien
ne coûte pour assouvir ses appétits. C'est à ces têtes de
l'hydre qu'il faut porter le coup mortel.

A bas le masque dont se couvre le Sans-Culottisme aux abois !

D'autres ont raconté les infamies subalternes de ces démocrasseux dont l'autel est un billard, l'encensoir une pipe, l'idole une cruche de bière ; de ces ribauds modernes qui défricheraient les Tuileries pour y semer du houblon et du tabac.

Je viens frapper les sommités de la Montagne.

Rois des fripons et des dupes, dépouillez vos habits de gala, montrez-nous vos vices, étalez, devant nous, le cancer qui ronge vos consciences.....

J'oserai TOUT dire, TOUT, jusqu'aux limites qu'impose la pudeur publique, jusqu'au respect qu'on se doit à soi-même.

CHARLES DE LA VARENNE.

Paris, Novembre 1850.

Première Partie.

——

EX-GOUVERNANTS.

——

Louis Blanc.
Isaac Crémieux — Garnier-Pagès — Ledru-Rollin
Armand-Marrast — Ferdinand Flocon.

> Aux époques la révolution, il apparaît toujours une race d'êtres pervers à qui le mal plaît, et qui l'aiment pour lui-même. Ils ne respirent à l'aise que sur les ruines ; et quand la puissance leur est laissée, le crime déborde de leur âme comme la lave sort du cratère.
>
> Lamennais.

Louis Blanc.

C'est avec des mots vides de sens qu'on séduit ou
qu'on irrite les hommes.

Louis BLANC, *Histoire de 10 ans.*

L'historien des Harpies révolutionnaires
de 1848 n'a pas besoin d'acérer la lancette du
pamphlet, pour déchirer le masque de ses personnages.

Mes récits seront simples, parce qu'ils seront
vrais.

Je serai bref, parce que le sujet de cet écrit su-
rabonde de détails ignorés.

Si ma franchise paraît rude à certains hommes, qu'ils sachent que mes documents sont fidèles et escortés de preuves vivantes.

Débutons par M. Louis Blanc.

En 1848, ce colibri du communisme gazouillait ainsi devant les chauffeurs de la propriété convoqués au Luxembourg :

« Etant presque enfant, j'ai dit : Cet ordre social est inique ; *j'en jure devant* Dieu, *devant ma* conscience, si jamais je suis appelé à régler les conditions de cette société inique, je n'oublierai pas que *j'ai été un des plus* malheureux *enfants du peuple,* que *la société a* pesé *sur moi;* et *j'ai fait contre cet ordre social,* qui rend malheureux un si grand nombre de nos frères, LE SERMENT D'ANNIBAL!... »

Que penser de ces paroles, jetées comme un brandon de révolte, à des travailleurs égarés, par cet homme dont les funestes doctrines pèsent encore sur la société comme la menace qui domine ce récit.

Mais jusqu'à quel point ce cri de l'être déshérité de la Providence est-il vrai? Quelles espérances déçues cette plainte vient-elle nous révéler? Déroulons le passé de cet apôtre du socialisme vengeur.

M. Louis Blanc est né sur la terre étrangère. Madrid fut son berceau.

Son père, originaire de Rhodez, s'était réfugié en Espagne sous la première république, après l'assassinat juridique de toute sa famille.

Ainsi le futur historien démocrate-socialiste de

la révolution française, entendit pour la première
fois parler de ces temps exécrables pour les maudire avec justice.

Sa mère était parente du célèbre Pozzo di
Borgo, le Corse qui, par haine de la démagogie,
s'était fait le serviteur de l'autocrate russe.

On dit que bon chien chasse de race : Louis
Blanc est né et est resté hargneux.

M. Blanc père, qui occupait en Espagne, sous
le roi Joseph, la position élevée d'inspecteur-
général des finances, dut rentrer en France après
la restauration de 1814. Il reçut immédiatement,
comme ancien émigré, une pension sur la casset-
particulière du roi, et aussitôt que son fils eût atteint l'âge nécessaire, Louis XVIII lui accorda,
par faveur spéciale, une bourse au collége de
Rhodez.

Le jeune Louis Blanc fit là toutes ses études aux
frais de la famille des Bourbons, et nul doute
qu'au sortir des bancs, la main puissante et généreuse qui lui avait donné la science, ne l'eût soutenu dans la carrière qui s'ouvrait devant lui,
si la révolution de juillet 1830 n'eût éclaté.

M. Blanc perdit sa pension, et la gêne qui suivit ce désastre détermina d'abord son fils à se faire
maître d'études dans une pension, puis saute-
ruisseau chez un avoué. De nobles cœurs cependant n'oubliaient pas leurs protégés malheureux,
et l'adversaire à venir de la royale famille vécut

longtemps, ainsi que ses proches, des bienfaits que leur faisaient parvenir, de même qu'a tant d'autres, les Bourbons exilés.

Un riche constructeur de machines d'Arras admit, plus tard, le jeune Louis Blanc dans son usine, pour donner à son fils les premières notions du rudiment.

Les loisirs que l'apprenti précepteur trouvait dans cette occupation, lui permirent de composer plusieurs ouvrages qui furent couronnés par l'Académie française, et le firent connaître assez avantageusement pour lui ouvrir l'accès d'une position modeste, honorable, et suffisante à ses besoins.

Où donc est jusqu'à présent, s'il vous plaît, ce MALHEUREUX *enfant du peuple,* sur lequel *la société a* PESÉ?

Quelles *iniquités* ont été commises envers cet enfant que tous, jusqu'ici, se sont complus à protéger?

Quelles misères motivent son SERMENT D'ANNIBAL contre cet ordre social qui l'a traité comme un de ses privilégiés, en développant son intelligence, en le lançant, par ses encouragements, sur la voie des honneurs et de la fortune que peuvent procurer une vie probe et laborieuse?.....

Pygmée ambitieux, voyez donc Balzac! Balzac que tous connaîtront, quand depuis longtemps vos œuvres et jusqu'à votre nom seront oubliés; voyez Balzac, le gentilhomme sans fortune, qui, pour vivre, s'était fait prote d'imprimerie ! — S'est-il plaint, lui ? Non, monsieur ! mais il a évoqué toutes les ressources de son intelligence ; il a conquis, par son travail, le bien-être dont le malheur des temps l'avait dépossédé. Il a vécu et il est mort honorable et honoré.

Au lieu de chercher dans le travail une existence respectée, Louis Blanc alla vendre sa plume, à vil prix, aux journaux de l'opposition radicale, et il n'est pas inutile de faire remarquer que le misérable folliculaire mangeait, en griffonnant sa première page démagogique, le pain de la charité royale ; lâche début d'une âme vile et vénale qui faisait présager les infamies de son avenir.

Mal reçu d'abord au *National* et dans plusieurs autres feuilles qui, sur sa petite taille et sa figure sans expression, l'éconduisirent comme un enfant, il trouva enfin un asile pour ses articles dans les colonnes du *Bon Sens ;* et, dès lors, commença de sa part cette guerre d'ignobles pamphlets contre le pouvoir et contre tout ordre social qu'il continua dans la *Revue du progrès*, et que vinrent successivement couronner le livre de l'*Organisation du travail* et l'*Histoire de Dix ans,* compilation mensongère, que les partisans de l'écrivain avouent eux-mêmes pleine d'inexactitudes, de faits tronqués et d'anecdotes infâmes, écrites avec une plume trempée dans la boue.

Nous ne nous chargerons pas ici de la critique de l'*Organisation du travail*, ce grand cheval de bataille de l'économiste lilliputien, ce *Palladium* du communisme abject; d'autres que nous se sont attaqués à la doctrine du citoyen Blanc, d'autres en ont stigmatisé les tendances subversives, les résultats infâmes. Nous citerons parmi ces adversaires de l'imitateur de Morelli et de Babœuf, l'homme le moins suspect aux révolutionnaires. Proudhon, le Satan critique de la démagogie, s'exprime ainsi dans ses *Contradictions économiques*, sur les principes et sur l'œuvre du chef futur des *législateurs* étranges du Luxembourg :

« Par le mélange perpétuel qu'il fait dans son livre des principes les plus contraires, l'autorité et le droit, la propriété et le communisme, l'aristocratie et l'égalité, le travail et le capital, la récompense et le dévoûment, la liberté et la dictature, le libre examen et la foi religieuse, M. Blanc est un véritable hermaphrodite, un publiciste au double sexe.

- « Son système se résume en trois points :

· « 1º.Créer au pouvoir une grande force d'initiative, c'est-à-dire, en langue française, *rendre l'arbitraire tout puissant pour réaliser une utopie;*

- « 2º Créer et commanditer, aux frais de l'Etat, des ateliers publics;

« Eteindre l'industrie privée par la concurrence de l'industrie nationale : Et c'est tout. »

« Ainsi, s'écrie M. Sudre, l'auteur de l'*Histoire du Communisme*, ainsi absorption des terres et des capitaux au profit de la communauté ;

« Assujettissement de toutes les personnes au régime de l'égalité absolue et à la vie commune ;

« Concentration du pouvoir de diriger souverainement les travaux, de disposer des choses et des personnes, dans les mains des administrateurs suprêmes de la communauté ;

« Voilà le dernier mot du système :

« Or, tout cela, qu'est-ce, sinon le communisme le plus complet, le plus radical, le communisme tel qu'il est développé dans le manifeste des égaux ? »

« M. Louis Blanc, continue Proudhon, débute par un coup d'Etat, ou plutôt, suivant son expression, par une application de la force d'initiative qu'il crée au pouvoir, et il frappe une contribution extraordinaire sur les riches, afin de *commanditer le prolétariat*. La logique de M. Blanc est simple : Le peuple veut ce que le peuple veut, et ce que le peuple veut est vrai. Singulière façon de réformer la société, que de comprimer ses tendances les plus spontanées, de nier ses manifestations les plus authentiques ; et, au lieu de généraliser le bien-être par le développement régulier des traditions, de déplacer le travail et le revenu ! Mais, en vérité, à quoi bon ces déguisements, pourquoi tous ces détours? N'était-il pas plus simple d'adopter tout de suite LA LOI AGRAIRE?..... »

Que dire après de telles phrases?.... Cette citation ne vaut-elle pas tout un volume d'examen de doctrines ?

Le système du citoyen Louis Blanc passé en revue de la sorte, continuons le récit des actes de sa vie postérieure.

La renommée que ces deux écrits procurèrent au jeune ambitieux dans le parti démocratique, lui donna la hardiesse, le 24 février, de se rendre à l'Hôtel de Ville, pour s'informer, d'après ses propres paroles, des intentions du gouvernement provisoire et des hommes qui le composaient. Il y trouva pour majorité des compères en journanalisme qui se mirent à le tutoyer, se congratulèrent avec lui de leur escamotage heureux, et le prirent pour leur secrétaire.

De secrétaire à gouvernant, il n'y avait qu'un pas; à l'aide de quelques ouvriers qui lui fabriquèrent une ovation, Louis Blanc franchit la distance, sans que ses chefs de file osassent y mettre obstacle. Peu de temps après, le roquet de la *République sociale* rendant compte, dans la *Réforme*, des œuvres de ses complices Marrast, Albert et Flocon, ne craignit pas d'écrire son nom sous cette phrase impudente : « Cette place nous appartenait : nous la prîmes ! »

Les travailleurs de la forêt de Bondy n'ont pas d'autre logique.

Arrivé par enchantement au pouvoir, le nain s'adora lui-même. Il exigea, au nom des ouvriers qui, disait-il, étaient en armes sur la place de l'Hôtel de Ville pour le soutenir, la création immédiate, à son profit, d'un *Ministère du travail et du progrès.*

Le Provisoire, peu soucieux d'ériger une dictature en faveur de l'audacieux parvenu, par la centralisation de toutes les industries, mais n'osant pas refuser nettement, rendit presque en même temps, sous la pression du menaçant écrivain, les deux décrets qui suivent, par lesquels il usurpa la puissance législative, et qui, consacrant des principes irréalisables, furent depuis la source de sanglantes insurrections.

« 1º Le gouvernement provisoire de la République Française s'engage à garantir l'existence de l'ouvrier par le travail ;

« Il s'engage à garantir du travail à tous les citoyens.

« 2º Considérant qu'il est temps de mettre un terme aux longues et iniques souffrances des travailleurs ;

« Qu'il appartient surtout à la France d'étudier ardemment et de résoudre un *problème* posé aujourd'hui chez toutes les nations industrielles de l'Europe ;

« Le gouvernement provisoire arrête :

« Une commission permanente, qui s'appellera *Commission du gouvernement pour les travailleurs*, va être nommée, avec mission expresse et spéciale de s'occuper de leur sort.

.« Pour montrer quelle importance le gouvernement provisoire de la République attache à la solution de ce grand problème, il nomme *président* de la commission du gouvernement, pour les travailleurs, un de ses membres, M. Louis Blanc, et pour vice-président un autre de ses membres, M. Albert, *ouvrier*.

.« Des ouvriers seront appelés à faire partie de la commission.

« Le siége de la commission sera au Palais du Luxembourg. »

En vertu de ces décrets, Louis Blanc quitta l'Hôtel de Ville, et vint, avec le soliveau qu'on lui avait accolé pour s'en débarrasser au *Provisoire*, s'installer pompeusement au Luxembourg, dans les splendides appartements de l'ex-grand référendaire Pasquier, dont la cuisine et les moelleuses voitures furent mises en réquisition pour le service des nouvelles *excellences*.

Le moment était venu, pour l'économiste égalitaire, de formuler ses théories d'une manière éclatante. Ses collègues prétendaient bien, en laissant percer leur satisfaction, qu'il tomberait in failliblement sous le ridicule qu'allait soulever l'essai de doctrines impossibles, bonnes tout au plus à produire des livres nauséabonds, sur des hommes qui ne cherchaient qu'à travailler très-peu tout en étant bien payés ; Louis Blanc n'en persista pas moins à développer au peuple, dans ces séances du Luxembourg qu'on a baptisées depuis du nom d'Etats-Généraux de la révolte, l'*Organisation du travail* qu'il avait rêvée.

Sept cent cinquante blouses, déléguées par tous les métiers, se réunirent au Luxembourg, dans la salle des séances des Pairs, et l'homme qui, dans son *Histoire de dix ans,* avait écrit ces mots : « *La domination de la multitude a quelque chose de tumultueux, de* SAUVAGE *et presque toujours de* SANGLANT; *c'est la* BARBARIE... », ce même homme, transformé, par l'ivresse des événements, en Don Quichotte ravageur, criait à ces représentants de la *multitude*, trop disposés à faire justice *par la force* des abus qu'ils prétendaient peser sur eux :

« Quand je dis que LE PROLÉTARIAT *est* L'ESCLA-VAGE, je dis un mot dont j'ai approfondi la portée, croyez-le bien. On a proclamé le suffrage universel. — Est-il l'expression de la volonté du Peuple ? Oui, *dans une société où toutes les conditions seraient* ÉGALES ; .... *Dans la société actuelle,* non ! NON ! *mille fois* NON !

« Mes amis, VEUILLEZ-LE, *vous serez* non-seulement *puissants,* vous serez non - seulement RICHES, *vous serez* ROIS ! ! ! ....

« Vive la République qui fera qu'il n'y aura plus de riches ni de pauvres ! ....

« Au point de vue moral comme au point de vue matériel, le système sur lequel la société est basée est un *système* INFAME QUE VOUS DÉ-TRUIREZ.

« Votre concours peut nous être utile par *la force* que vous nous communiquez, force qui doit nous mettre en état de dire à l'Assemblée : Voici les projets de loi que nous présentons ; ces projets de loi, ce n'est pas Albert, ce n'est pas Louis Blanc qui les présentent ; c'est le Peuple représenté par ses délégués ; *traitez avec lui*, et, maintenant qu'il est *organisé*, REPOUSSEZ-LE SI VOUS L'OSEZ ! ! ! .....

PROLÉTAIRES, c'est une *nécessité* bien comprise, VOUS ÊTES TOUS SOLDATS ! ! ! »

L'attentat du 15 mai contre la représentation nationale, et la JACQUERIE de juin 1848 entreprise contre la société pour introniser la démagogie, ne s'expliquent-ils pas à la lecture de ces paroles ?

Et ces bandes furieuses, qu'avant cette révélation de ses doctrines de haine et de sang, des témoins oculaires ont prétendu envoyées par Louis Blanc, de compte à demi avec Caussidière, à Neuilly, pour incendier le château et massacrer les princes qui s'y réfugiaient, ces messagers de mort et de pillage qui poussaient en son honneur, pendant leur œuvre impie, des acclamations frénétiques, n'ont-ils donc pas dit vrai en signalant Louis Blanc comme le bras mystérieux qui les faisait mouvoir ?.....

L'histoire a déjà flétri, par des arrêts irrévocables, les odieuses prédications, les ferments de révolte jetés au cœur du peuple par le lâche ambitieux qui, dans la rage de sa médiocrité, organisait sourdement le massacre contre les classes supérieures, contre les gens dont la fortune ou la renommée l'avaient humilié si longtemps, et qui crut un moment régenter la France par la Terreur faubourienne.

Nous venons de résumer, en quelques traits, la vie publique de Louis Blanc ; nous l'avons marqué au front du sceau de ses propres actes. Effleurons, pour achever ce portrait, les mœurs privées de l'illustre communiste pendant son espèce de règne au palais des Médicis.

Les citoyens Louis Blanc et Albert, qui vivaient somptueusement sous les lambris dorés des ex-pairs, entourés de courtisans choisis dans la plèbe la plus fangeuse, d'anciens détenus politiques, et même de *voleurs*, absorbèrent, en moins de deux mois, pour leurs dépenses libertines, non compris les frais indispensables de l'entretien du palais, la somme assez ronde de *cent trente mille francs*, que nous extrayons des chiffres officiels, et dont on rejeta l'enflure sur des nécessités de police.

. Les cotelettes à la purée d'ananas de ces messieurs sont devenues historiques, ainsi que leurs fins soupers et leurs orgies romaines.

Albert, président de la commission des récompenses nationales, trouva dans sa comptabilité un déficit de près de 40,000 fr., subtilisés par les frères et amis qui ne le quittaient plus, et Louis Blanc (ce fait est connu de peu de personnes), Louis Blanc reçut du ministre des finances, pour de prétendues indemnités de route à distribuer à des réfugiés, une somme de *cinquante mille trois cents francs*, dont la Cour des Comptes a déclaré l'emploi DÉPOURVU DE PIÈCES JUSTIFICATIVES.

C'est avec la même délicatesse, le même désintéressement, que M. Louis Blanc se faisait voiturer dans une berline de la Cour ; mais il avait trotté à pied si longtemps !... Cette berline le conduisait chez son ami Ledru, qui fouillait dans l'escarcelle de la France pour solder les frais d'impression des fameux discours du président de la commission des travailleurs.

En ce temps de *fraternité*, le Trésor national était le rendez-vous des cœurs haut placés... sur le coche de la république. Quant aux badauds de la rue, ils admiraient, à leur aise, cette inscription charbonnée par le doigt de quelques honnêtes ouvriers sur les portes de l'Eldorado :

MORT AUX VOLEURS!

Si M. Louis Blanc songeait à sa fortune particulière, il n'oublia pas les siens. Son frère, M. Charles Blanc, une de ces nullités grotesques dont les révolutions sont le gagne-pain, fut nommé directeur des Beaux-Arts, et, pendant longtemps, il y préjudicia, en faveur des rapins démoc-soc, aux intérêts des artistes honnêtes auxquels la catastrophe de 1848 avait déjà porté un coup trop fatal.

Peu de jours avant les événements de février, M. Louis Blanc avait dû contracter alliance avec une jeune personne de la plus grande distinction, mais pourvue d'une médiocre fortune. Arrivé aux grandeurs, qu'il croyait éternelles, l'aspirant ministre du progrès se hâta de rompre cette union trop au-dessous de ses destinées......

Dans les premiers jours de mai, l'Assemblée nationale, convoquée par le gouvernement, venait de se réunir. Devant ce pouvoir régulier, qui se levait au secours du pays, l'état-major de l'armée communiste s'était vu contraint d'évacuer son quartier général. Chassé du Luxembourg, l'âme ulcérée, le cœur plein d'amertume, M. Louis Blanc alla s'asseoir sur les bancs de la Montagne. Il ne tarda pas à reconnaître que les républicains eux-mêmes répudiaient ses plagiats babouvistes, et qu'il fallait se résoudre à dissimuler des projets qui n'avaient d'écho que dans les bas-fonds de la plèbe en rupture de banc.

Cependant le 15 mai ranima d'une lueur fugitive les secrètes espérances du tribun lilliputien. S'il ne prit aucune part à la préméditation de ce complot, il en accueillit avec joie la violente explosion. Infatué de sa propre importance, il crut voir dans cette émeute des clubs l'apothéose de la république *sociale*, et, trop naïf ou trop suspect à ses anciens complices pour être au courant des intrigues *nationalistes* qui dirigèrent l'attentat du 15 mai, pour en récolter les fruits, il ouvrit ses bras aux envahisseurs qui proclamaient à grands cris sa dictature ; il se laissa hisser sur le pavois, sans se douter que le plancher pourri des clubs allait crever sur un gouffre.

Après un discours d'énergumène, éminemment propre à *chauffer* ses partisans, entendant parmi la foule les cris : « *A l'Hôtel de Ville !* » poussés par les émissaires du *National*, Louis Blanc se dérobe à des étreintes enthousiastes, gagne furtivement un cabriolet de régie, et court à l'Hôtel de Ville pour s'emparer de ce nouveau pouvoir, derrière lequel il n'aperçoit point la trahison.

Il s'égare, pendant une heure entière, dans les détours du palais de la révolution, cherchant en vain Barbès, que l'on compromettait dans les petits appartements, et composant, avec ses acolytes qui l'avaient rejoint, des listes de gouvernement provisoire, à la tête desquels il figurait.

Lorsque ce drame burlesque tomba sous les sifflets de la garde nationale, le frêle héros de l'émeute avortée décampa, comme il était venu, par une porte dérobée, comptant sur la discrétion de ceux qui l'avaient aperçu.

Mais, à son retour au sein de l'Assemblée nationale, il trouva ses collègues avertis et indignés. *L'intervention* que l'apôtre socialiste se vantait d'avoir ménagé entre l'assemblée et le peuple, fut violemment démasquée, et, après un débat scandaleux, la majorité honnête de l'assemblée vota unanimement, sur l'énergique réquisitoire du procureur-général Corne, l'autorisation de poursuites provoquée contre M. Louis Blanc.

Sous la menace du châtiment infaillible qui l'attendait, le Tom Pouce révolutionnaire se déguisa en gamin de Paris pour gagner la frontière. L'Angleterre, cet égoût de toutes nos hontes, le vit bientôt, comme son émule et rival, Ledru-Rollin, mêler de nouveaux poisons pour les classes ouvrières dans l'encre qui trace encore les pages du *Nouveau-Monde.*

Quand donc un pouvoir intelligent et fort comprendra-t-il que laisser l'arme de la presse aux mains des ennemis de la société, que permettre à des hommes flétris de prêcher encore la croisade des bandits, c'est abdiquer la haute mission qui lui est confiée de veiller au maintien de l'ordre, de protéger les honnêtes gens attaqués dans ce qu'ils ont de plus cher, la famille, la morale et la propriété.

Ignore-t-on que nos provinces sont envahies de toutes parts par le socialisme? que des nuées de propagandistes s'abattent incessamment sur nos malheureuses campagnes? Depuis longtemps, hélas! ils n'ont plus rien à faire dans les villes!

Qu'on lise, pour s'édifier, ces nouvelles que publiait le 4 octobre 1850 le *Journal de la Meuse*, et l'on jugera si nous avons raison d'élever la voix contre la faiblesse du pouvoir envers ces artisans de désastres :

« ..... On a entendu, dans ces derniers jours, de malheureux laboureurs, victimes du miroitage socialiste qu'on fait briller à leurs yeux, annoncer froidement que les jours arrivaient où ceux qui avaient été riches travailleraient à leur tour pour eux. D'autres disaient : « Oh! cette fois nous ne *brûlerons* pas les châteaux et les maisons de campagne, nous les *habiterons*..... »

« Que comptent-ils faire des propriétaires? »

Nous posons cette simple question au rédacteur du *Nouveau-Monde* et aux comparses déguenillés du Serment d'Annibal.

Voici la réponse provisoire de Louis Blanc :

« Souvenez-vous des conseils de guerre insti-
tués, de nos concitoyens déportés sans jugement,
des bagnes et des pontons remplis, de quatre représentants du peuple traînés à Bourges dans des
voitures cellulaires destinées aux voleurs et aux
assassins !

« La clémence a donné à la révolution de février deux mois de vie : comptez combien la nouvelle terreur blanche en a donné à la contre-
révolution, et SOUVENEZ-VOUS !.....

« Le nom des hommes qui, aujourd'hui, gouvernent, restera maudit dans l'histoire.

« Ils ont, en effet, rendu la générosité suspecte
de folie ! De leurs violences couronnées de succès, ils ont composé un sophisme plein de sang
à l'usage des terroristes futurs ; ils auraient donné
au peuple, si cela était possible, le REMORDS de
sa modération. Voilà leur crime. »

(Extrait du Nouveau-Monde).

Le roitelet des communistes fait bien de nous
avertir. Nous serons sur nos gardes, au risque
d'être, plus tard, maudits par lui dans l'histoire.

Isaac Crémieux.

> J'ai mis la royauté en voiture.
> CRÉMIEUX.

Il n'est pas fort intéressant de dire que maître Crémieux partage avec Auguste Avond, son collègue rouge, la réputation bien méritée d'être l'homme le plus laid de France et de Navarre. Si la physionomie était toujours le miroir de l'âme, nous pourrions nous borner à offrir au lecteur une silhouette désopilante de cet aigrefin socialiste. Mais nous avons mieux à faire.

A Tours, le 2 février 1850, la date est fraîche, dans un banquet des *frères* et *amis*, l'avocat Crémieux s'écriait, entre deux gorgées de vin bleu, avec le toupet qui le caractérise :

« Je défie la calomnie d'oser dire que nous ne sommes pas sortis du gouvernement provisoire en *honnêtes gens.* »

M. Crémieux avait raison. La calomnie n'a rien à oser, quand la VÉRITÉ se montre au grand jour.

Mettons la vérité toute nue devant M. Crémieux, au risque d'effaroucher sa pudeur où celle des naïfs Tourangeaux.

Isaac **Crémieux**, juif pur sang, est né à Nîmes. Son père, négociant failli, avait été jadis gravement compromis pour les excès commis par lui dans ses fonctions d'*officier municipal*, sous le régime de la Terreur.

On voit que la couleur *rouge* du *citoyen* Crémieux date de loin. C'est un héritage de famille.

Après avoir été, sous la restauration, l'avocat des libéraux de Nîmes, et s'être vautré dans tous les scandales de l'époque pour se faire un nom, Crémieux, l'un des *héros de juillet* de sa province, accourut à Paris pour vendre, selon la coutume israélite qui fait argent de tout, l'hommage de son dévouement à la nouvelle dynastie.

Au nom de plusieurs communes du département du Gard, le petit-neveu de *Judas*, débita au roi Louis-Philippe, qu'il devait plus tard se vanter d'avoir chassé, l'allocution suivante, qu'il est curieux de lire tout entière :

« Combien de fois, sire, depuis que vous reparûtes en France, Louis Philippe a été nommé sous le toit du laboureur ! Sa vie est tout à nous, disait-on. Jeune, il porta nos couleurs sur les champs de bataille ; Jemmapes est son premier souvenir. Proscrit dans nos désastres, il resta Français loin de la France. Son âme comprenait notre gloire.

« Dans les Cent-Jours, ses adieux furent pleins de noblesse et de patriotisme ; plus tard, son noble cœur s'indignait à la vue de l'étranger foulant nos belles provinces.

« Il revient dans la France délivrée ; ses enfants fréquentent nos écoles ; il recherche les talents, il encourage les lettres.

« Pendant quinze ans d'une guerre sourde ou violente contre nos libertés, la nation le signale comme *son espérance*.

« Une lutte immortelle s'engage, et au milieu de Paris, il apparaît comme UN ANGE SAUVEUR.

« Adieu la paix si douce d'une vie de famille !...

« Un trône avec ses soucis, un royaume avec ses besoins, une couronne avec son fardeau ; mais aussi un peuple *avec son amour*, une nation AVEC SA RECONNAISSANCE, une France AVEC SON ÉTERNELLE ADMIRATION !...

« Sire, le peuple vous a remis ses droits, notre avenir sera digne de VOTRE GÉNIE ; nous en avons pour garants un roi patriote, et cette famille, *notre orgueil* et *notre espoir*. »

L'honnête Crémieux méritait bien sa part du gâteau révolutionnaire. Sa basse rhétorique fut soldée par le titre d'avocat à la cour de cassation, charge d'une grande valeur, que le juif vendit, plus tard, à beaux deniers comptants.

Ce fut le noyau de sa fortune.

N'omettons point que déjà, pour prix de ce qu'en juillet il avait ameuté la populace de Nîmes au profit de la révolte, on lui avait décerné la Croix d'Honneur.

Mais la bonne harmonie ne fut pas longue entre le juif ambitieux et le pouvoir de 1830 ; ces premières faveurs étaient loin de satisfaire son avidité. Il ne lui fallait rien moins qu'un siége dans la magistrature inamovible pour lui, avec pensions et places pour ses nombreux parents, — on sait quelle procréance ont les fils d'Abraham. — On rit en certain lieu des prétentions outrées de l'avocat Nimois. Sa colère prit feu comme une étoupe.

Sa faconde gasconne avait eu quelque succès auprès de certains chefs du parti républicain. Ils s'empressèrent d'exploiter son mécontentement au profit de l'avenir des idées révolutionnaires. Crémieux se rua sur les procès de presse, nombreux alors, qui frappaient la démocratie, et l'ex-orléaniste devint le défenseur banal des insurgés d'avril et de juin. Cette manœuvre le conduisit à la députation.

En arrivant à la Chambre, il prit place d'abord à côté des plus exaltés radicaux. — C'était une tactique pour se vendre plus cher.

En effet, le membre austère de l'opposition qui, les premiers jours, sapait par son verbiage sans fin tous les projets ministériels, le démocrate incorruptible se tut bientôt, la bouche close par une clef d'or. On le revit, l'encensoir à la main, courtiser de nouveau les réceptions officielles des Tuileries, et Louis-Philippe dut sourire en écoutant, un jour, cette prose néo-royaliste :

« Sire, dans nos possessions françaises en Algérie, trois de vos fils ont donné de nouveaux gages de leur *dévouement à la patrie, vertu de famille transmise avec votre sang* ; de nouvelles preuves de cette bravoure héréditaire, aussi brillante chez les jeunes que chez les ainés, qui recherche, pour se produire, toutes les occasions de péril. Sire, *à votre jeunesse patriotique*, Jemmapes et Valmy, sur les frontières françaises ! *A votre vieillesse vénérée*, Tanger et Mogador, sur les mers africaines ! *Ainsi le père revit dans ses fils, ainsi les nouvelles gloires de votre heureuse dynastie viennent s'attacher aux premières gloires de notre lutte immortelle.* »

Il n'y a qu'un pas de cette flatterie rampante au décret de proscription signé par le *citoyen* Crémieux, membre du Provisoire.

Doué, au suprême degré de l'instinct des bêtes carnassières, Crémieux flairait de loin les tempêtes ; il sentit venir la lutte de février. Alors, comme le vautour en cage que l'odeur du sang rend insensible à la parole de son gardien, le député juif se rebella contre ce même ministère dont il avait si longtemps reçu le mot d'ordre et les petites gratifications.

A propos de Michelet, ce professeur athée, banni de la chaire où il pervertissait la jeunesse, Crémieux lança de violentes réclamations au pouvoir ébahi. Puis, une fois remis en lumière par cette soudaine révélation de ron retour au radicalisme, il courut agiter les provinces, et organiser parmi ces populations que la république a ruinées, des banquets où l'on hurlait *Vive la Réforme* à la barbe du gouvernement.

Le juif retors qui, par son adhésion au banquet réformiste du 12e arrondissement, par ses discours, par tous les moyens dont il disposait, avait contribué à la révolution du 24 février, ne songeait nullement à la république. Son but avoué était la déchéance du vieux roi, dont la répugnance pour lui et ses collègues politiques paraissait inébranlable; son rêve secret, c'était l'établissement d'une régence qui, dirigée par une femme, laisserait toute l'autorité à un ministère dans lequel l'avocat parvenu comptait bien se glisser.

Aussi, voyons-nous l'ex-courtisan de Louis-Philippe, accouru aux Tuileries le matin du 24 février, presser l'abdication du Roi, en même temps qu'il exhortait la duchesse d'Orléans à se rendre à la Chambre.

Louis-Philippe céda enfin aux obsessions des

ennemis intimes qui l'entouraient, son abdication fut signée ; et le successeur de Charles X, s'éloignant à pas lents des Tuileries, prit, sans le savoir, la route de l'exil.

- Un fait extrêmement curieux, rapporté par plusieurs serviteurs de la famille d'Orléans, parmi lesquels figure le général Friant, fait que M. Crémieux n'a pu démentir, se passa entre le Roi et lui, au moment où Louis-Philippe quittait le château, et montait en voiture sur la place de la Concorde.

Après s'être vêtu d'habits bourgeois, Louis-Philippe entrant dans son cabinet, qui contenait alors quelques personnes, au milieu desquelles pérorait M. Crémieux, Louis-Philippe, tout en annonçant son départ, prit d'une main, dans un tiroir à secret du secrétaire à cylindre sur lequel il avait travaillé toute la matinée, un large portefeuille, garni de papiers, qu'il plaça sous son bras ; de l'autre main, il s'appuyait sur le général Friant quand le cortége affligé se mit en route.

- M. Crémieux, dont la présence était au moins inutile, douloureuse même pour le monarque déchu, suivit l'escorte, qui se dirigea, par le souterrain du bord de l'eau, vers la place de la Concorde.

Quel intérêt subit, pour cette royale infortune, venait de saisir le montagnard en herbe ?

Mon Dieu ! le *citoyen* Crémieux lorgnait tout

simplement le portefeuille du Roi, et cherchait à l'en *débarrasser*.....

Pendant toute la route, comme Louis-Philippe, accablé par des événements aussi imprévus, s'inclinait, morne et brisé, l'officieux démocrate offrait son bras, toujours repoussé, et tendait à chaque instant la main, pour *soulager*, disait-il, Sa Majesté de son *pesant* fardeau ; on le refusait à mesure. Devant une suite assez nombreuse, le député ne pouvait que se taire. Il osa mieux, en vertu du proverbe : « Qui ne risque rien n'a rien. »

A la sortie du souterrain, le Roi ne voulant pas exposer ses serviteurs parmi une foule nombreuse, et qui pouvait être mal intentionnée, les congédia, et s'avança avec la Reine et un seul aide de camp vers la voiture de remise, qu'un officier du château avait amenée à grand'peine jusqu'au milieu de la place.

M. Crémieux suivait toujours, et fendait la vague populaire parallèlement avec le Roi. Les témoins de cette scène ne pouvaient en croire leurs yeux. Peut-être pensèrent-ils un moment qu'au spectacle de cette grandeur agonisante, l'agitateur de la gauche avait fait un acte de contrition spontané, et s'était condamné, pour pénitence, à escorter dans sa retraite la royauté proscrite.

Le représentant rouge a prétendu, depuis, que

c'était pour *sauvegarder* les deux augustes vieillards *des outrages du* PEUPLE.

Or, à quelques rares exceptions, le PEUPLE *se découvrit,* avec un respect instinctif, devant le courage calme de cette affliction décoronnée.

On arrive à la voiture : Louis-Philippe y fit monter la reine, et, s'appuyant machinalement, absorbé qu'il était, sur le bras que lui tendait M. Crémieux, il allait gravir le marche-pied, lorsqu'il sentit son portefeuille glisser doucement contre son corps. Le roi se retourna, et voyant la main de M. Crémieux crispée sur cet objet de sa convoitise, il lança un regard écrasant de mépris au futur *ministre de la justice.* Puis, tirant violemment son portefeuille, il le passa à la reine, et se jeta dans le carrosse qui partit au grand trot.

Pendant ce temps, le *vrai peuple* inscrivait sur les murs du château : MORT AUX VOLEURS !

M. Crémieux s'en revint l'oreille basse.

Il allait s'offrir à la régence, quand il apprit que la duchesse était en fuite et la république proclamée ; il s'informa alors de ce qui s'était passé, et prenant en hâte le chemin de l'Hôtel de Ville, le digne descendant de Barrabas arriva juste à temps pour augmenter d'un flibustier l'état major de la nouvelle république.

Les sceaux revenaient naturellement à l'avocat des révolutionnaires des deux derniers règnes. Le *citoyen* Crémieux prit pour sa part de la curée gouvernementale le ministère de la justice ; et son premier soin fut d'expédier des ordres aux différents bagnes et prisons pour la mise en liberté de tous les condamnés politiques. En même temps que cette écume du parti républicain, sortirent des fers, bon nombre d'individus flétris pour d'autres motifs, mais qui, trouvant alors protections et amis en *haut lieu*, s'abattirent sur Paris, devenu le pays de cocagne des vauriens.

Le *citoyen gouvernant* Crémieux, fut un ministre à la hauteur de l'époque. Haineux et lâche, l'ex-avocat, pour satisfaire ses ressentiments personnels, bouleversa la magistrature. Instigateur des décrets qui mutilèrent l'inamovibilité judiciaire, auteur des destitutions les plus scandaleuses, il se fit le valet de ces commissaires au pouvoir *illimité*, ramassés par Ledru-Rollin dans la lie des estaminets, et que la France consternée voyait suspendre, d'un trait de plume, des tribunaux entiers, chasser de leur siége les représentants de la justice qui les envoyaient, jadis, dans les prisons centrales ou aux travaux-forcés.

L'étrange ministre avait aussi, de temps à autre, des velléités pittoresques ; à la suite de je ne sais quel cauchemar, il rêva le rétablissement du divorce. Plusieurs fois le décret dictatorial préparé par lui fut soumis à la sanction de ses acolytes du pouvoir. Certains s'enthousiasmèrent pour cette idée renouvelée des Jacobins ; mais la majorité, redoutant l'éclat d'une pareille tentative, refusa de la signer, et maître Crémieux fut renvoyé auprès de sa femme. Il ne se tint pour battu qu'après avoir vu sa matrimoniophobie flagellée au pied de la tribune parlementaire par les huées de la Constituante.

Le Moïse de la place Vendôme fit pleuvoir la manne sur les Hébreux de Paris. On ne voyait plus que longs nez et barbe rousse dans les bureaux du ministère. La *justice provisoire* était farcie de rabbins de tous âges, ex-brocanteurs de chaînes de sûreté ; c'étaient les plus honnêtes. On alla jusqu'à prétendre que chaque jour, le ministre, vexé des longs dédains qu'avait subis sa race, préparait des arrêtés pour obliger tout Français à la circoncision.

Le *citoyen* Crémieux, qui faisait partie de la minorité *rouge* du Provisoire, subit enfin l'ostracisme politique auquel l'Assemblée nationale condamna ses collègues. Le ministre de la justice qui, après le 15 mai, donnait ordre au procureur de la République de poursuivre son ami Louis Blanc, et qui, à l'Assemblée nationale votait contre l'autorisation de poursuites qu'il faisait demander lui-même, ce juif ténébreux n'avait pas volé la punition. Depuis sa culbute, aucun pouvoir n'a daigné l'utiliser, encore moins se l'adjoindre. Aussi les votes du représentant d'Israël sont-ils significatifs.

Il a prêché sur la Montagne le droit au travail, le maintien des clubs, la mise en accusation du ministère à propos des affaires d'Italie.

Il a pris une part active au 13 juin.

Pendant toute cette année, on a vu M. Crémieux, chien courant du parti rouge, colporter dans toutes les réunions démagogiques les principes du socialisme le plus tranchant.

Les lauriers sanglants de Fouquier-Thinville l'empêchent de dormir.

Il a divinisé Marat et la Terreur.

Les dernières nouvelles que nous avons reçues nous arrivent de la province; elles renferment les détails suivants sur le célèbre montagnard :

« Le département de la Drôme comptera bientôt une illustration de plus. On nous assure que le *citoyen* Crémieux, l'ex-garde des sceaux du gouvernement provisoire, l'Antinoüs et l'Apollon de la république démocratique et sociale, désillusionné enfin des éphémères grandeurs de la vie politique, vient chercher le repos et un abri dans nos vallées alpestres. Nous ne savons jusqu'à quel point ce bruit est fondé. Mais ce qui lui donne un certain caractère de vérité et nous fait croire que « *le dernier courtisan d'une royale infortune* » pourrait bien avoir le projet de se réfugier dans nos contrées dauphinoises, c'est qu'il vient d'acheter, à beaux deniers, le magnifique domaine et la forêt de Saon, arrondissement de Die, canton de Crest, sud.

« La propriété de Saon, bâtiments et forêt, est d'un très-bon produit. L'austère tribun l'a payée, dit-on, un peu plus de HUIT CENT MILLE FRANCS. »

Le pauvre homme !.... dirait Molière.

Ah ! si les murs pouvaient parler !....

Garnier-Pagès.

> La République a sauvé la France de la banqueroute.
>
> GARNIER-PAGÈS.
>
> M. Garnier-Pagès a plus que personne, plus que les théories de M. Louis Blanc, plus que les circulaires de M. Ledru-Rollin, désorganisé la République, compromis la propriété, accéléré la BANQUEROUTE.
>
> PROUDHON.

« Garnier-Pagès est grand ; ses longs cheveux gris flottent derrière sa tête. Il a le front découvert plutôt que haut, ses yeux ont quelque chose d'égaré, et sa physionomie respire l'exaltation ; son visage et ses habitudes de corps indiquent la plus grande confiance en lui-même, le plus profond respect pour ses opinions, la plus grande satisfaction pour son infaillibilité. »

Tel est le portrait de M. Garnier-Pagès, tracé de main de maître par M. Emile Thomas, l'ex-directeur des ateliers nationaux, qui avait qualité pour connaître son personnage.

Développons ces traits pittoresques du héros financier dont se glorifie le Provisoire de 1848.

M. Garnier-Pagès est originaire de Marseille, où il a longtemps exercé le métier de courtier d'une fabrique de savon.

Après quelques opérations désastreuses, il vint à Paris au moment où son frère, l'avocat républicain, était élu député.

Le cadet vécut à l'ombre de son aîné, dont la réputation devait le panacher dans toutes les phases de son existence.

Garnier-Pagès l'aîné mourut, épuisé, disent les gens de son parti, de travaux et de veilles; — son héritage permit à l'ex-courtier de se présenter, au nom du génie de son frère, comme candidat à la députation. Cet honneur lui fut octroyé; mais l'homme au savon prouva bientôt qu'il ne tenait de son parent que le nom, et sa longue somnolence sur les bancs de la gauche ne fut rompue que par quelques discours radicaux, débités en style emphatique, que l'on n'écoutait pas, et dont personne ne se souvient.

M. Garnier Pagès, au mois de février 1848, était inscrit l'un des premiers sur la liste des députés qui devaient présider le banquet réformiste du 12me arrondissement. Il suivit comme ses autres collègues l'exemple de leur chef de file,

Odilon Barrot, et s'abstint de prendre part à la manifestation. Plus hardi cependant, quand la lutte eut commencé pendant la nuit fatale du 23, il harangua les insurgés, devant le bureau du *National*, monté sur une des charrettes qui traînaient les victimes du coup de pistolet du boulevard des Capucines.

Le 24 février, M. Garnier-Pagès était à la chambre des députés, quand l'insurrection victorieuse, après le sac des Tuileries, envahit le Palais-Bourbon. Il suivit M. de Lamartine entraînant à l'Hôtel de Ville le flot populaire, et quand, dans la salle des délibérations du conseil général, les bandes armées acclamèrent un gouvernement provisoire, une scène curieuse se passa.

Juché sur la tribune du président, un homme tenait à la main un lambeau de papier sur lequel étaient écrits des noms qui, jetés à la multitude, soulevaient tantôt des applaudissements furieux, tantôt des murmures de désapprobation.

C'était la liste des membres du nouveau gouvernement qui, crayonnée à la hâte par Lamartine, commençait par Odilon-Barrot, et comptait alors bien peu de ces hommes qui, sur les bras de l'émeute, s'installaient, quelques heures ensuite, au palais Rambuteau.

Garnier-Pagès! proclama le lecteur.

Lequel? cria un individu qui savait son histoire parlementaire.

Le *bon,* répondit une voix facétieuse qui souleva un rire général. Et, grâce à ce rire, Garnier-Pagès passa. — A quoi tient l'illustration d'un homme! ·

Garnier-Pagès était membre du Provisoire. — Ici se place un fait singulier.

· M. Garnier-Pagès, le soir même du 24 février, écrivait de l'Hôtel de Ville, de la salle du conseil où il siégeait AU NOM DE LA RÉPUBLIQUE, ces mots à un personnage que nous ne nommerons pas.

« ... Les FOUS que vous savez viennent de proclamer la RÉPUBLIQUE; — cela n'est rien; — dites à la DUCHESSE qu'elle ne se montre point. — JE RÉPONDS DE TOUT...»

On sait que les gouvernants provisoires avaient chacun leurs *bravi,* et se livraient des duels ténébreux à coups de police, grassement payée sur les caisses de la Ville et des différents ministères. Ledru-Rollin, qui nourrissait contre Garnier-Pagès une rancune dont les motifs ne s'avouent pas au grand jour, entourait particulièrement ce collègue d'une toile d'araignée fort serrée. Peu de jours avant la réunion de l'assemblée nationale, l'araignée de la rue de Grenelle, goba au passage une mouche de Garnier-Pagès, chargée d'un poulet destiné à la duchesse d'Orléans. Ce poulet suppliait la princesse exilée d'être à Paris *incognito,* avec ses enfants, dans les quinze jours qui suivraient l'ouverture de la chambre... « Je réponds de tout! » signait pour la seconde fois Garnier Pagès. En attendant, Ledru-Rollin s'emparait du poulet, le déposait en lieu sûr, à Belleville, chez un sieur H..., son affidé, et en expédiait le *fac-simile* à Garnier-Pagès, en manière de lettre de change, tirée à vue sur le ministère des finances.

Nous ne faisons point la guerre aux affections orléanistes de M. Garnier-Pagès, mais à son défaut de franchise. Il faut avoir dépouillé toute pudeur pour jouer un rôle officiel contredit par des menées secrètes. Le soldat qui cache son drapeau à l'heure du péril n'a qu'un nom dans notre langue. A bon entendeur, demi-mot. — Passons.

Michel Goudchaux, le banquier juif, venait, comme moyen expéditif pour embrouiller les finances nationales, de proposer la banqueroute aux satrapes impatients de pêcher en eau trouble. Le Provisoire n'osa pas en venir à cette extrémité, l'inhabile commis des finances fut remercié, et le *citoyen* Garnier-Pagès, qui venait de commencer comme maire de Paris le gaspillage de la caisse municipale, continué depuis, et considérablement augmenté par Marrast, se chargea de pourvoir aux besoins publics ; il devait se connaître en finances, — n'avait-il pas été courtier-marron ?

On vit alors avec effroi cette série de mesures désastreuses par lesquelles ce ministre incroyable compromettait la fortune de la France : — Les forêts de l'État engagées, les chemins de fer confisqués par le gouvernement, l'impôt des 45 centimes établi, par lequel, sans respect pour les baux authentiques et les contrats hypothécaires, le *citoyen* Garnier-Pagès, effaçant les lois inscrites au Code civil, ordonna que les propriétaires acquitteraient directement cette contribution forcée, et non pas les locataires ou fermiers, *nonobstant tous baux ou conventions contraires.*

N'est-ce pas, ainsi que l'écrivait récemment un journaliste, n'est-ce pas M. Garnier-Pagès qui s'avisa de diviser un jour les créances de l'État en deux catégories, *ceux qui avaient besoin de leur argent* et *ceux qui n'en avaient que faire?* Puis, en vertu de son infaillibilité dictatoriale, ce ministre inouï ne décréta-t-il point que les uns perdraient 75 pour cent, et que les autres perdraient TOUT !...

Que l'on se rappelle la stupeur générale à la vue des caisses d'épargne volées, des retenues subies par les porteurs de rente, de l'abolition des octrois de Paris et des revenus du timbre, des fonds publics laissés de plus de moitié au-dessous de leur cours ordinaire, de la crise commerciale causée par l'évanouissement du crédit, suite de tant d'actes infâmes, et l'on concevra à peine une légère idée des maux où nous a plongés cet ambitieux incapable qui, n'ayant rien à compromettre, risquait la propriété de tout le monde ; et ce Macaire qui nous conduisait droit à la ruine, se croyait un grand homme.

« M. Garnier-Pagès, dit Emile Thomas à propos d'une demande qu'il lui adressait, nous laissa à peine le temps de nous expliquer, et nous fit un très-long discours, d'où il ressortait que *lui seul,* au gouvernement, était *capable de quelque chose.*

« Le caissier et le payeur central présentant au ministre quelques observations, M. Garnier-Pagès leur dit : « Ne vous inquiétez de rien, Messieurs, je vous donnerai mes instructions ; j'ai tout prévu. *Tout est là,* ajouta-t-il, en portant le doigt à son front par un geste sublime ! »

Après tout, la biographie révolutionnaire de M. Garnier-Pagès n'a pas besoin de longs détails laborieusement exhumés. Cet homme est jugé sans appel par un arrêt de la Cour des Comptes, qui rejette, dans la gestion du ministre des finances du gouvernement provisoire, la somme énorme de VINGT MILLIONS HUIT CENT QUATRE-VINGT MILLE FRANCS, pour laquelle on lui demandait sanction, dans les dépenses totales, et qu'elle a déclaré *dépourvue de pièces justificatives ou appuyée de justifications insuffisantes !*

Voici le détail de cette somme, par nature d'allocations, afin que l'on s'explique la fortune actuelle de *certains* hommes qui, avant d'avoir, plongé les mains dans les caisses de l'Etat, ne possédaient que des dettes.

Rejeté des *comptes totaux* comme NON PROUVÉ :

Avance à la garde mobile, en Février et Mars 1848	594,015 f.	95 c.
SECOURS EXTRAORDINAIRES (*sans autre désignation*)	3,490,750	»
Indemnité de route à des réfugiés, versée entre les mains d'un membre du gouvernement provisoire..........	58,300	»
Avances aux ateliers nationaux de Lyon...................	102,795	»
Avances à des fabricants du 8ᵉ arrondissement.....................	600,000	»
Acquittement, sur les fonds destinés aux travaux publics, des dépenses des ateliers nationaux de Lyon.....	1,522,022	20
Dépenses des ateliers nationaux......	14,478,285	64
Avances au directeur des postes (E. Arago), en Février 1848	4,000	»
Versement au président de la commission des récompenses nationales....	39,000	»
Total..........	20,880,168	79

Depuis qu'une administration régulière existe en France, a-t-on jamais eu idée d'une pareille dilapidation des deniers publics ?

Pendant que ces choses se passaient, on lisait, écrit sur les murs de Paris : MORT AUX VO-LEURS !.....

Mais comment voulez-vous qu'il nous soit permis de nous plaindre. L'Assemblée nationale de 1848 n'a-t-elle pas décrété que le gouvernement provisoire avait *bien mérité de la patrie ?*

Le ministre des finances, de désastreux renom, dut encore à la mémoire de son frère de faire partie de la commission exécutive, élue par l'Assemblée nationale. On le retrouve au Luxembourg, continuant sa politique indécise, son opinion peu tranchée, qui, jusqu'à ce jour, ont fait douter du parti auquel il appartenait véritablement.

Le *citoyen* Garnier-Pagès fut accusé cependant d'avoir coopéré aux mesures qui, par l'intermédiaire du *citoyen*-médecin-ministre-empyrique Trélat, contribuèrent également à faire éclater l'insurrection de juin. Il ne s'est pas encore lavé des soupçons qui planent sur lui à cet endroit, comme sur les autres membres de la commission exécutive.

« Après cela, me disait un de ses amis qui cherchait à l'excuser, — ce pauvre Pagès, il ne faut pas le prendre au sérieux, — il a si peu du génie de son frère. »

Le *citoyen* Garnier-Pagès n'a pas été élu à l'Assemblée législative. Le peuple, instruit par ses souffrances des déplorables résultats du régime républicain, a récompensé de la sorte le financier sans conscience.

On dit que M. Pagès cherche à réveiller dans

les provinces une influence morte sous le mépris général.

On prétend même que, commis-voyageur politique de l'homme qu'il a combattu jadis de tout son pouvoir, par jalousie de métier, l'ex-*provisoire* modéré organise des banquets en l'honneur de l'illustre Ledru-Rollin.

Peut-être que, moins riche qu'on ne le suppose, l'ancien courtier s'est livré de nouveau à l'industrie, et qu'il exploite la propagande socialiste, de même qu'il vendrait encore du savon.

———

Ledru-Rollin.

> — Savez-vous pourquoi tant d'hommes, criblés de dettes, ont voulu établir la république ? c'est qu'ils ont cru qu'en France, comme dans l'ancienne Rome, avec des consuls, des tribuns, voire un dictateur, ils finiraient par trouver des *préteurs*.

Ledru-Rollin !...... Devant ce nom devenu si tristement célèbre, symbole, pour nos provinces, d'insurrection et de terreur, ma plume s'arrête : j'ai besoin de me recueillir.

Par où commencer l'histoire d'une vie saturée

de scandales ! Aujourd'hui l'orgie, la déclamation furibonde, la révolte ; demain le vertige, la chute et la honte ! ...

Quel spectacle et quel enseignement !

L'origine de Ledru-Rollin est obscure, comme celle de tous les bourgeois qui se succèdent tour à tour, depuis le chaos sanglant de 93, au banquet du pouvoir. Sa mère était fille de Comus, prestidigitateur célèbre ; — petit-fils d'un *escamoteur*, n'est-ce pas une prédestination ? Tout ce qu'on connaît des premières années du futur démocrate, c'est qu'en 1830 il était clerc chez l'avoué Launoy, où il se faisait remarquer par une ferveur de royalisme sans égale.

Quelque temps après la révolution de juillet, le gratte-papier se fit recevoir avocat ; c'était un rang social, mais ce n'était pas la fortune. Une place qu'il sollicitait de la nouvelle monarchie lui ayant été refusée, Ledru-Rollin flaira, dans ses rêves ambitieux, l'occasion d'associer à ses intérêts d'avenir la vengeance de son orgueil offusqué.

Le parti républicain, rentré dans la coulisse après les journées de juillet, se préparait à la lutte contre le fils de régicide qui avait escamoté les bénéfices de l'émeute. Ce parti comptait d'assez nombreux adhérents parmi la petite bourgeoisie et la plèbe des faubourgs. Quelques hommes énergiques s'y étaient attelés, mais la machine révolutionnaire manquait encore de remorqueurs intelligents.

Le jeune avocat s'offrit corps et âme. Le bureau de recrutement loua son civisme; mais, avant de l'introduire dans ses catacombes, il lui demanda des gages de dévouement.

Un essai de révolte venait d'avorter. L'autorité victorieuse s'était armée de toutes les rigueurs de droit. Ledru-Rollin, sommé de couvrir la retraite des fuyards, dégaîna sa plume. Il publia l'*Etat de siége*, et, deux années après, son célèbre *Mémoire sur les événements de la rue Trans-nonain*. Dans cet écrit, où il se pose en Don-Quichotte de barricades, il dissèque, en pages fiévreuses, les lambeaux de cette fatale catastrophe, en rejette la responsabilité à la face du pouvoir, et lance au sein de l'armée de perfides provocations à l'indiscipline.

Un tel prélude signale un homme à l'attention publique. Dès ce moment, Ledru-Rollin fut célèbre. D'un bond, il s'était placé au premier rang des chefs de la démocratie; aussi *sa fortune fut rapide*. Le gouvernement de juillet, encore mal affermi, s'empressa d'appliquer à ce nouvel adversaire, qu'il jugeait dangereux, le narcotisme de la faveur. Ledru-Rollin fut nommé avocat aux conseils du roi et à la cour de cassation, entouré de l'estime et des sympathies que lui décernait la simplicité de ses coreligionaires politiques.

L'homme habile avait conquis une position. Le démocrate sans foi, conspirateur repu, revint à sa première et gloutonne nature. Il ne songea plus qu'à se vautrer béatement sur l'édredon de sa fortune !

Alors commença pour lui cette existence pantelante aux bras de la débauche, cette série d'extravagances ruineuses, dont quelque drôlatique épisode est parvenu à l'oreille de chacun de nous.

Le scandale y foisonna si bien, que la morale publique, si décolletée de nos jours, recula de pudeur. Tombé dans l'ornière du mépris général, l'avocat aux conseils du roi se vit contraint de vendre sa charge.

Quelques républicains, affichant de gré ou de force l'austérité spartiate et le culte du brouet noir, n'avaient pas vu sans un profond ressentiment les déportements du sybarite dont ils s'étaient faits les patrons. On parla, dans le conclave rouge, de le répudier hautement. Un mot sauva Ledru de l'ostracisme : il était NÉCESSAIRE.

La tourbe des faubourgs et des sociétés secrètes crut ce que ses chefs de file lui répétaient : Ledru, disait-on, était calomnié par les aristocrates, jaloux de son génie, de son influence auprès du peuple. Ledru, c'était Mirabeau, moins le vice.

Oh ! moutons de Panurge !.....

Grâce aux nécessités du parti, Ledru-Rollin

fut envoyé à la chambre en 1841, pour remplacer Garnier-Pagès, dont la mort laissait un vide que le nouvel élu fut loin de combler. Bientôt la duplicité, la nature ingrate de l'homme que les communistes avaient chargé de les représenter, éclatèrent au grand jour dans le procès qu'il dut subir à cette époque devant la cour d'assises d'Angers :

« Vous aimez, s'écrie-t-il, à laisser planer sur moi le mot de *communiste*. Eh bien! je le proclame bien haut, j'aime la propriété qui est le fondement de toute moralité ; je ne suis pas communiste, *je hais les communistes*, je les hais plus que vous-mêmes ; car on nous jette trop souvent à la face *leurs absurdes opinions*. »

Pour un sourire du pouvoir, le porte-drapeau du socialisme fût devenu ministériel enragé. — Mais on le dédaigna dans les hautes régions ; — et M. Ledru-Rollin passa à sommeiller, dans son fauteuil du Palais-Bourbon, les heures énervées que lui laissait le plaisir. C'est à peine si, de temps à autre, quelque interruption nonchalante ou quelque batterie de couteau de bois sur son pupitre s'avisait de révéler à l'assemblée de la nation la présence du futur tribun.

Plongé, plus que jamais, dans la sentine de ses débauches, des dettes de toute nature ne tardèrent pas à engloutir le patrimoine que lui avait créé l'épargne des pauvres diables dont il était le Lama. Plus d'une fois, menacé d'expropriation, son habile faconde sut provoquer chez les dupes de la démocratie les cotisations nécessaires pour dégager le domaine qui lui donnait accès à la chambre élective.

Cette manœuvre le menait tout doucement aux gaspillages éhontés du gouvernement provisoire, à la dilapidation des fonds secrets du ministère de l'intérieur.

Poursuivons : la route est longue. Je ne sais si le fait que je vais révéler est connu de M. Ledru-Rollin; mais il est assez piquant pour que j'en gratifie mes lecteurs.

Quelques années avant la révolution de 1848, un avocat renommé pour ses principes *avancés* (style démocratique et social) contracta par des rapports de société, une liaison plus qu'intime avec une certaine dame L***, personne excessivement mûre, mais possédant une fortune très-appétissante. Bien que disposant, par un récent mariage, de revenus plus que suffisants pour des goûts honnêtes, l'apôtre en herbe du socialisme convoita sans façon le fruit défendu. Rien ne lui coûta pour faire couler dans sa caisse, vrai tonneau des Danaïdes, le pactole de sa vieille amante.

Festins de Lucullus, voitures hors de prix, toilettes échevelées, orgies secrètes, eurent bientôt raison de la bourgeoise économe. Rentes sur l'État, argent placé, actions industrielles, tout y passa. — Un jour, Madame L*** annonça, toute éplorée, à l'avocat démocrate, la fin prochaine de ses ressources.

— N'est-ce que cela, ma chère, fit l'avocat incorruptible; parbleu, dès demain, vous serez hors de peine : voici comment. Ma jeune femme qui, bien malgré moi, s'est réservée l'administration de son bien, se trouve embarrassée d'une forte somme dont elle cherche à faire emploi. Vous avez des propriétés : je vous fais prêter cet argent; nous prenons hypothèque sur vos immeubles. — Sous peu, vous comprenez, je vous en apporte quittance.

Puis, voyant la surprise et l'hésitation de Madame L***. — N'est il pas juste, ajouta-t-il, que je vous restitue ce que vous avez eu la confiance de m'avancer. Je me charge de dédommager ma femme. — Je travaillerai !...

La dame accepta. — Les nouveaux fonds prirent le même chemin que les premiers, et l'amour s'envolant avec le dernier écu, la bourse vidée, l'avocat s'éclipsa.

Calypso ne pouvait se consoler du départ d'Ulysse; dans sa douleur, elle attendait vainement la quittance de sa dette fictive. Cependant, et malgré la médisance, elle croyait quand même à la probité de son ex-adorateur. Un RÉPUBLICAIN plumer une vieille femme ! cela ne se voit qu'en pleine anarchie, et Louis-Philippe semblait chevillé sur le trône.

Hélas ! l'anarchie arriva un jour sur les brumes de février ; la propriété consternée tomba en syncope.

Un beau matin, Madame L*** reçut sommation de purger son hypothèque entre les mains de l'épouse de son ami intime.

Le tour était fait. En vain, croyant à une méprise, la pauvre femme courut chez l'avocat devenu l'une des sommités de la révolution. Les valets montagnards, par ordre du maître, lui fermèrent la porte au nez. Et comme elle ne pouvait rendre ce qu'elle avait *emprunté*, on vendit ses biens, qui *se trouvèrent* adjugés à la femme du républicain pour le montant de sa créance, intérêts cumulés.

Si M. Ledru-Rollin désirait savoir le nom du héros de cette anecdote, nous nous ferions un véritable plaisir de le lui révéler.

J'ai cité la date de février, saturnale de désastreuse mémoire, pour les hontes et les souillures que les hommes de la trempe de Ledru-Rollin ont jeté au front du pays. DIEU PROTÉGE LA FRANCE ! aussi n'a-t-il pas permis que ces misérables consommassent la ruine entière de notre patrie ; aussi, dès que la lumière s'est faite, ont-ils roulé, pêle-mêle, dans l'égoût de leurs complots.

Tout le monde sait que Ledru-Rollin, qui n'avait pris aucune part à la lutte, qui même, un des premiers, avait *prudemment* refusé de se rendre au banquet du 12ᵉ arrondissement, fut arraché malgré lui de la Chambre des députés, le 24 février, et conduit par ses enthousiastes à l'Hôtel de Ville.

Le livide plagiaire de Danton s'y tint d'abord caché, toute une nuit, dans une salle basse, loin des périls que courait le Provisoire tout entier. Le pacha des ribauds se mourait de peur à la seule pensée que les troupes royales, sorties de Paris sans combattre, pouvaient l'entourer d'un cercle de fer, et y rentrer la mèche allumée.

On apprit, le lendemain, que le roi, en fuite, ne songeait pas à la résistance ; — la France, stupéfaite de la *catastrophe*, se laissait imposer une dictature. — Ledru-Rollin se montra, il parla haut à ses collègues, peu soucieux de lui abandonner une part de pouvoir, et bientôt la queue de la *Réforme* s'installa, pimpante, au ministère de l'intérieur, avec son représentant bien-aimé, de même qu'à l'Hôtel de Ville grouillaient, courtisans de Marrast, les faméliques du *National*.

Un des premiers actes par lesquels l'*honnête* ministre s'empressa de se *populariser*, fut de décerner une *récompense nationale* au plus lâche des assassins. Voici le fait : Le nommé Hairon, piqueur du roi, s'efforçait, le 24 février, de conduire, jusqu'au perron des Tuileries, la voiture qui devait sauver Louis-Philippe des fureurs de la révolution. Une bande de vingt-cinq à trente bandits, embusqués derrière l'hôtel de Nantes, fit feu sur lui. Deux chevaux furent tués, et deux blessés. Le piqueur, échappé par miracle, s'enfuyait vers l'arc de triomphe du Carrousel, quand un misérable, arrivant à sa rencontre, lui lâcha son coup de fusil à bout portant en pleine poitrine. L'assassin, dépouillant aussitôt le cadavre jusqu'à la chemise, fourra dans ses poches la montre, la chaîne et la bourse de sa victime. Quant au chapeau galonné d'or, il eût, quelques jours après, l'audace de le porter à Ledru-Rollin, comme un certificat de *civisme*. Le ministre lui donna aussitôt l'emploi de gardien au Musée du Louvre.

Comment s'étonner que Ledru-Rollin soit encore aujourd'hui l'idole des brigands de Paris? Un tel début le posait en *patriote flambant* aux yeux des héros de la grande truanderie. Ces héros accoururent, de toute part, pour former sa garde.

On vit alors avec effroi d'abord, ensuite avec des huées, la parodie carnavalesque de cette première République dont le futur chef de la Montagne allait en vain galvaniser le cadavre. Des *Commissaires*, gens tarés pour la plupart, des avocats sans causes, des bohémiens littéraires, des marchands faillis, et, *proh pudor!* — jusqu'à d'anciens *forçats*, — harnachés de gilets à la Ro-

bespierre, de chapeaux pointus à rouges pana-
ches, et de ceintures tachées de vin, s'étalèrent
en poste pour aller, munis de *pouvoirs illimités*
et de 40 francs par jour, *sans les tours de bâton,*
démocratiser et administrer *révolutionnairement*
nos départements stupéfiés.

Ce n'était rien encore. Des bulletins incendiaires, rédigés par une Égérie socialiste, s'envo-
lèrent en flammèches du ministère de l'intérieur
pour *éclairer* l'horizon jusqu'*au-delà* de nos frontières. La lie des grandes villes s'agita et répondit à ces provocations par des rugissements affa-
més ; les honnêtes gens crurent les jours d'é-
preuve arrivés, et se préparèrent à l'orage. Paris
tout entier frissonna sous le linceul de la Terreur.

Au 17 mars, Ledru-Rollin croyait avoir dépassé la fortune de Robespierre. Mais les hommes
de cœur se rallièrent, et le 16 avril releva le
gant que le roi des clubs jetait à la société.

Remercions Dieu qui, s'il jeta dans cette âme
les instincts pervers, la férocité des Conventionnels, ne lui donna pas leur brutal courage.

Ledru-Rollin est lâche ; je l'ai vu, en face du
danger, blêmir et palpiter ; l'émeute, soulevée
par lui-même, l'épouvantait ; au 19 mars, encore
sous l'impression des cris de haine que la veille
il entendait éperdu, les cent mille voix d'une
multitude fanatisée purent à peine le faire appa-

raître un moment. Plus tard, le 15 mai, quand l'Assemblée nationale envahie, quand l'ordre menacé au dehors exigeaient impérieusement son concours, le membre du pouvoir exécutif (les témoins en sont MM. Degousée et Laurent) *se trouva mal*, et courut se blottir dans les combles de l'hôtel de la présidence.

Mais voyons l'homme sous d'autres aspects. Apaisons les blessures que nous avons faites à l'amour-propre du tribun ; citons les actions dont à juste titre il peut s'enorgueillir.

Plusieurs centaines de mille francs, dus à divers fournisseurs, leur furent religieusement comptées. Ces monceaux de billets, de créances dont les usuriers regorgeaient, et qu'ils eussent escomptés à vil prix, furent soldés à caisse ouverte. La place retentissait des louanges de l'*honnête* homme ; devant sa largesse empressée, la calomnie se tut ; les Juifs, émerveillés, parlaient d'une souscription pour une statue, une colonne, un monument quelconque.....

Les mauvaises langues (hélas ! que ne disent-elles point) ont parlé d'un million et demi de fonds secrets pour lequel aucuns comptes n'auraient été rendus. On a avancé que le privilége de l'Opéra-Comique, et une foule de places importantes, se seraient échangées contre des liasses de vieux billets. On a même osé (voyez quelle malveillance !) prétendre que M. Ledru-Rollin avait confisqué l'argent, les papiers, les effets, jusqu'aux vins, propriété particulière de M. Duchâtel, son prédécesseur. Nous sommes tellement convaincu de la perfidie de ces insinuations, que nous offrons à M. Ledru-Rollin de lui servir de témoin si jamais il exige réparation de leurs auteurs.

Attaquer la probité de Ledru-Rollin, quel cas pendable! Que serait-ce donc s'il était permis de l'accuser en face d'avoir commis un FAUX EN ÉCRITURE PRIVÉE?

Quelques mois avant la république, M. Ledru-Rollin, pressé d'argent, et qui, sur sa signature, n'eût pas trouvé cinq centimes, M. Ledru-Rollin eut recours à la complaisance d'un ami qu'il n'avait pas encore exploité, et qui, employé au ministère des finances, jouissait d'une réputation de solvabilite parfaite.

M. Audoin, ainsi s'appelait l'honnête homme, endossa un billet que M. Rollin signa d'un nom imaginaire, et un escompteur consentit, sur ce gage, à remettre au député démocrate la somme de trois mille francs.

Février passa, M. Ledru était au pouvoir; — l'échéance du billet survint; il était payable chez l'employé auquel M. Ledru avait jadis promis de remettre les fonds.

M. Audoin n'avait rien reçu; quand l'effet se présenta, il courut chez le pacha de la rue de

Grenelle qui le fit mettre à la porte, en disant qu'il ne le connaissait pas. Le pauvre employé s'en alla désespéré.

On le poursuivit à outrance ; on saisit ses meubles ; il n'avait aucun recours contre le nom supposé qu'il avait garanti, et comme il voulut crier, on le chassa du ministère des finances.

Que l'ex-dictateur nous démente, s'il l'ose!

Il ne nous en coûtera pas plus de prouver qu'il n'a modestement ingurgité que *douze cent trente-six* bouteilles de vin fin, volées dans les caves de la Liste-Civile ; qu'il n'avait à son service que *six* voitures et *vingt-deux* chevaux, *empruntés* à la propriété particulière de Louis-Philippe, et qu'il n'a dépensé au compte de la susdite liste civile que *vingt-sept mille sept cents francs* pour frais d'écurie, en soixante-quinze jours.

Pendant ce temps-là, on lisait, écrit sur les murs des Tuileries dévastées : Mort aux voleurs!

Il est vrai que Ledru-Rollin pouvait bien mettre du foin dans ses bottes, quand il traitait si généreusement les janissaires de son pachalik.

Créer des commissaires à quarante francs par jour pour aller *travailler* les aristocrates de province, c'était du civisme au plus juste prix.

Donner *cent mille francs* à un sieur Longepied, entrepreneur-général de républicanisme, c'était se montrer bon enfant. Les petits cadeaux entretiennent l'amitié. — On a dit que le citoyen Longepied, président d'une commission instituée par le *Club des clubs*, était chargé d'expédier dans tous les départements des *patriotes éprouvés*, pour y monter l'esprit public au diapason des événements. Ces apôtres partirent en effet ; mais la plupart d'entre eux restèrent en gage pour leurs frais d'auberge. Ceux qui purent s'échapper revinrent à Paris, furieux, et accusèrent Longepied de les avoir *laissés en plan*. — On dit encore que les loups ne se mangent pas ! ! !

Glisser *quatre-vingt-dix mille francs* dans le gousset d'un sieur Villain, chef de la *Société des droits de l'homme*, c'était donner un morceau de pain à 40,000 soldats de la démocratie que ledit Villain commandait..... sur le papier.

Répartir, vers l'époque des élections pour l'Assemblée nationale, *cent dix mille francs*, entre les présidents des clubs ravageurs, c'était encourager la propagande égalitaire ; c'était chauffer la candidature hermaphrodite de Georges Sand, secrétaire *intime* du ministre de l'intérieur, et *candidate* chérie du club de la Montagne, que présidait, rue Frépillon, un certain abbé Constant, panégyriste perpétuel de Sainte-Guillotine.

Je n'ajoute que *pour mémoire* les sommes versées au journal *la Réforme*, trompette des hauts faits de Ledru-Rollin, et un crédit de *vingt mille francs*, placé sous le nom du général Courtais, sous la rubrique d'*avances faites pour la garde mobile*. Sur ces 20,000 francs, seize mille furent appliqués à des dépenses secrètes : *tant* pour ceci, *tant* pour cela ; sans oublier la *police politique*, qui ne coûta sous aucun régime aussi cher que sous le gouvernement provisoire, dont tous les membres passèrent leur temps à s'espionner mutuellement, tant ils s'estimaient, tant le sort de la France occupait leurs veilles !

Le carnaval provisoire avait enfin pris terme. La commission exécutive s'était abîmée dans le sang des jours de juin. L'histoire dira, plus tard, sur quelle conscience doit peser cet horrible épisode.

Le *citoyen* Ledru se retrouva Gros-Jean comme devant. Ce n'était pas son compte.

Jusqu'ici, à part les fameuses circulaires, en partie l'œuvre de son entourage, nous n'avons pas encore signalé chez M. Rollin, cette exaltation de républicanisme, ces idées révolutionnaires outrées qui l'ont rendu célèbre. Le membre du gouvernement, le ministre satisfait de sa position, avait tant soit peu pactisé avec les classes élevées; le rigorisme de ses principes ne l'empêchait pas de frayer avec Lamartine, de coqueter avec les bourgeois, de dénoncer ceux de ses séïdes dont il ne pouvait contenir l'exaltation. Une république modérée lui paraissait fort potable, et même, — le cœur de l'homme renferme tant de mystères, — l'ancien radical eût peut-être acclamé une restauration monarchique, si une restauration quelconque eût voulu le perpétuer au ministère.

Maintenant, convaincu que le pouvoir l'a fui sans retour, le chef de parti se réveille de sa torpeur; il va redemander aux échos de la rue un peu de cette ivresse politique dont l'étourdissement l'a fait rouler des hauteurs capitoliennes au pied de la borne d'un club. Et les voix de la rue lui répondent : Marche ! Marche ! L'armée des Barbares n'a pas péri tout entière; ses tronçons mutilés par la mitraille de juin tendent à se réunir; marche dans la vapeur des jours sanglants, jusqu'au terme où nous partagerons le butin de la victoire.

C'en est fait : le grand homme va franchir le Rubicon. Le parti qui le pousse en avant trépigne d'impatience et de sourde colère. Il aspire, par tous ses pores, l'électricité de l'émeute, et déroule en secret ses rouges drapeaux.

Mais par quel miracle de génie le coryphée du socialisme parviendra-t-il à relever le fragile édifice de sa réputation flétrie et sa mémoire politique décriée jusqu'au fond de nos provinces ? Voyons un peu quel assaut formidable il va livrer aux gouvernants pour remonter à leurs côtés ; comme il va remuer le levier de ces masses dont il dispose au profit de sa gloire et de son ambition !....

Pendant un an, le *citoyen* Ledru (car il a désormais adopté ce titre) s'est proclamé chef de la Montagne. Il vénère et préconise à pleins poumons les principes et les actes que rappelle ce nom redouté. La république *rouge* est sa divinité. — D'un bout à l'autre de la France, ses sectaires ne parlent plus au peuple haletant que d'échafauds et de pillage, — enfin, dans les banquets, l'émule de Robespierre, — car Mirabeau est d'une couleur trop terne, — le chef des futurs septembristes — exalte *la terreur*, et boit à cette glorieuse époque « *où la nation était libre.* »

Puis, quand sommé par les routiers du socialisme de risquer un coup de main, de provoquer une révolution ; quand, à bouts de défaites, il monte à la tribune de l'Assemblée pour crier aux armes, à propos de la constitution qu'il déclare violée ; après avoir annoncé qu'il descendra sur le forum, à la tête de ses bandes égalitaires ; après qu'une partie de ses collègues sont compromis dans les chances de l'échauffourée, que fait ce Catilina ?.... Ecoutez le récit que m'a dicté l'un de ses ex-intimes.

« Le 13 juin 1849, je trouvai Ledru plongé dans un calme hébété. Je lui représentai vivement qu'il n'y avait plus une minute à perdre ; que la manifestation était déjà engagée, que sans doute Guinard courait avec nos amis aux Arts et Métiers, lieu de rendez-vous convenu, et que lui seul se faisait attendre. Il me demanda, d'un ton mourant, si je croyais sa présence indispensable. Et comme, à ces mots, l'expression de la surprise se peignait sur mon visage, il ajouta, comme par une secousse fébrile : — Ma foi, mon cher, j'ai eu la main forcée dans cette affaire-ci ; on sait bien que j'ai toujours été opposé à ces démonstrations armées qui se terminent ordinairement par des chaos désagréables. Rappelez-vous de Mai. — J'ai reçu ce matin des rapports tout à fait désastreux ; les postes sont doublés ; la troupe donnera vigoureusement. Soyons sages. Allez trouver nos amis ; donnez-leur un prétexte quelconque ; pour moi, je reste clos.

« Je fis un dernier effort pour décider Ledru à me suivre ; j'étais indigné. Enfin, voyant que les paroles étaient inutiles, mon sang s'alluma dans mes veines : j'armai un pistolet dont je m'étais muni le matin, et le dirigeant sur Rollin : — Je savais, m'écriai-je, ton insigne lâcheté ; mais les heures sont comptées ; tu as voulu la lutte, il faut la subir. Suis-moi, pas un mot de plus, ou je te fais sauter la cervelle.

« Mes traits étaient crispés, mon doigt frémissait sur la détente. De deux périls, Ledru-Rollin choisit le moins pressant, et poussant un soupir convulsif, il se résigna. En prenant place dans la voiture que j'avais amenée, je le prévins que je ne le quitterais pas un instant, et que, pour l'honneur du parti qu'il prétendait diriger, au premier symptôme de couardise je l'abattrais à mes pieds. »

On connaît l'issue de cette escapade socialiste; le vasistas qui s'ouvrit si à propos pour escamoter la fuite des principaux conspirateurs, a obtenu les honneurs de l'illustration; — l'émeute s'évapora devant la cravache d'un soldat d'Afrique, — et son chef délaissé, gagnant furtivement la frontière sous la veste d'un laquais, alla ramper à Londres autour de la famille découronnée qu'il avait aidé à proscrire.

Arrêtons-nous, et admirons le stupide engouement de cette démagogie française pour le même homme, qu'aux jours de son pouvoir elle qualifiait du nom de traître et de vendu. Quand il était encore à Paris, jouissant d'un certain prestige dû à sa position de député, comme au souvenir de son autorité récente, on se permettait de discuter ses actes et d'accuser ses tendances; — aujourd'hui, qu'après un enchaînement de catastrophes, au sein desquelles nombre de gens n'ont trouvé que la prison ou une mort inutile, Ledru-Rollin s'est abîmé dans l'exil, — c'est à qui, dans les rangs du fanatisme révolutionnaire, entonnera l'hymne d'apothéose de ce niveleur avorté. Toutes les inspirations des sociétés secrètes, ces catacombes de la terreur, viennent de Londres ; leurs décrets futurs s'élaborent au nom du *Grand Martyr;* de la terre étrangère, il gouverne la plèbe ignorante et avilie. Rien ne manque à ce demi-dieu du socialisme, pas même un *Moniteur officiel : le* Proscrit *ne se vend-il pas publiquement!...,* des quêtes nombreuses ne s'organisent-elles pas dans les faubourgs sous le patronage des démagogues forcenés, desquelles le produit, envoyé à Londres, fournit par avance au dictateur futur une liste civile de plus d'un million !!!

Et si l'on veut savoir quelle influence occulte peut exercer encore sur nos agitations politiques l'ancien membre du gâchis provisoire, il suffit de jeter les yeux sur cette note confidentielle :

« Les factions anarchiques, quoique tranquilles à la surface, sont agitées à l'intérieur. Les exilés de Londres et de Suisse ont parmi la démocratie parisienne des délégués, des fondés de pouvoirs, qui, à chaque instant, mettent, pour ainsi dire, le poing sous la gorge du parti socialiste, invectivent les chefs, et leur reprochent leur indolente insouciance des intérêts du peuple. Un de ces mandataires des chefs exilés s'est fait remarquer, cette semaine, par une violence de langage excessive dans une réunion composée d'un petit nombre d'anciens constituants rouges, qui s'est tenue dans une des banlieues de Paris. Deux des anciens ministres du gouvernement provisoire assistaient à cette réunion. L'un d'eux a été tellement maltraité par une lettre de Londres dont on a donné lecture, qu'il a été obligé de quitter la place sans qu'aucun effort des assistants ait été tenté pour adoucir la forme violente du langage de l'épître, sans que réparation d'aucune sorte lui ait été faite. Le scandale causé par cette scène a été si grand, que tout le quartier en a retenti. La police, toujours prévenue à temps, est intervenue, et tout est rentré dans l'ordre. »

Du reste, bien qu'il soit au mieux avec lord Palmerston, Ledru, pour s'entretenir la main, en attendant sa restauration, mitonne à Londres quelque émeute de chartistes. Il a ouvert des cours de barricades, et nul doute qu'un beau matin, la capitale de la Grande-Bretagne ne se réveille au simulacre d'un 13 juin quelconque.

Heureusement que les bourgeois anglais ont du bon sens, et les constables des gourdins solides.

Il est vrai que, pour acquitter envers la nation britannique la dette de sa gratitude, pour reconnaître l'hospitalité généreuse et les subsides qu'elle accorde à nos fauteurs d'anarchie, l'honnête réfugié vient d'écrire un gros livre sur la *Décadence de l'Angleterre.*

Oui, *citoyen* Ledru, l'Angleterre est en décadence, quand elle héberge, à l'ombre de son royal pavillon, des misérables tels que vous.

Mais, prenez garde, elle pourrait bien se raviser dans un accès de *spleen*, et vous expédier, sans façon, comme un ballot de camelote, aux antropophages de la Nouvelle-Zélande ou aux socialistes de Botany-Bay.

Au surplus, en attendant qu'il prenne au sérieux les niches inconvenantes que se permet son hôte, John Bull, dit notre correspondance particulière, s'en venge à coups de lazzis. Les Shakespears de la populace anglaise n'y vont pas de main morte. D'un côté, c'est le général Haynau qu'ils livrent aux risées du *paradis*, dans les situations les plus burlesques, affublé de la plus étrange façon, et recevant plus de volées de gourdin et de coups de pied invisibles que n'en reçurent jamais Cassandre, Sganarelle et Basile. Puis, étrange parallèle! sur le même théâtre, le même bouffon se grime en Ledru-Rollin (dans une parodie de *la Tempête* d'Halévy). Le chef de la Montagne française est traîné sur les planches, coiffé d'un énorme bonnet phrygien, un drapeau rouge d'une main, un paquet d'allumettes chimiques dans l'autre, glapissant, d'une voix enrouée, les plus étourdissantes maximes de l'argot démocratique et social, sautant par une foule de vasistas, et montrant au parterre pâmé toute autre chose que son visage. Notez que, dans l'opération du vasistas, la culotte de l'auteur se fend d'une manière..... très-risquée. On ne comprend pas comment la salle résiste aux trépignements furibonds qui saluent la fuite si compromettante de l'auteur de la *Décadence de l'Angleterre.* A la seconde représentation, les *citoyens réfugiés* de Leicester-Square avaient bien eu le projet de protester, par des sifflets, contre cette douloureuse mystification. Mais lorsque, entrés dans la salle, ils virent les *cokneys* de la Cité s'apprêter à la boxe, ils se ravisèrent prudemment, et leurs clefs forées leur servirent..... à rentrer chez eux.

John Bull, sans s'en douter, donne là une bonne leçon au Jacques Bonhomme de nos faubourgs.

Puisse-t-elle lui profiter !.....

Au moment de mettre sous presse, nous lisons dans *la Voix du Proscrit,* journal tout neuf du grand tribun, ces phrases désopilantes de la part de M. Ledru-Rollin, où, voulant prodiguer 'injure aux descendants de nos rois, le *héros du Conservatoire* trace d'une manière frappante, et nous n'osons dire sans s'en douter, le portrait moral de ses confrères du *Provisoire,* ainsi que le sien propre :

« Et pourquoi (le peuple) se passionnerait-il pour des *friperies usées,* pour de *misérables comédies* dont il connaît les *pantins* et les *ficelles* !!!...

« La révolution est-elle donc si loin qu'il ne se

rappelle ses griefs invétérés : la CORRUPTION EF-
FRÉNÉE du dedans, les MARCHÉS SCANDALEUX, les
VOLS PUBLICS, L'ABAISSEMENT DE LA FRANCE,
SOUS LE RÈGNE DE L'AGIOTAGE ET DES BANQUIERS!!! »

O grand homme! nous vous supposions, non
pas assez de pudeur, depuis longtemps vous ne
la connaissez plus, mais du moins assez de bon
sens pour ne pas écrire des choses qui s'appli-
quent si bien à votre propre conduite.....

Armand Marrast.

Le *National* n'est qu'un séminaire d'intrigants et de renégats.

PROUDHON.

— « Quoi! les dépositaires du pouvoir auront à leur disposition l'armée, l'argent, toutes
les forces nationales; d'un signe ils feront
mouvoir tous les fonctionnaires; ils agiront
sur les destinées du pays par des moyens si
puissants, et de simples écrivains n'auront pas
le droit de les questionner, de se défier d'un
pouvoir si menaçant, de croire à des abus si
faciles? On ne pourrait répéter les rumeurs de
l'opinion qui a un instinct si droit et si sûr ?
Prenez la puissance, mais sachez que, dès ce
moment, vous tombez sous l'empire de la publicité, vous, votre présent, votre passé, tous
vos actes connus, tous vos actes même pro-
jetés. »

(ARMAND MARRAST, *procès de la Tribune.*)

Avant d'entrer en matière, nous signalons à
votre attention cette remarquable épigraphe. Vous
jugerez l'homme tout à l'heure.

Armand Marrast est né à Saint-Gaudens, de parents peu fortunés. Sa mère, restée veuve avec cinq enfants en bas-âge, n'avait pour tout revenu que le produit d'un pensionnat dirigé par elle.

Un digne prêtre, l'abbé Lodès, chef d'une institution à Orthez, connaissait madame Marrast; charmé de l'intelligence précoce du jeune Armand, il le recueillit auprès de lui, et le futur admirateur de Voltaire, le journaliste prêtrophobe, l'athée du *National*, dut le bienfait de son éducation à un membre de ce clergé dont il se montra plus tard l'implacable ennemi.

Ses études finies, Marrast vint à Paris, où, sur la recommandation de son protecteur, il fut admis, comme maître d'études, au collège Louis-le-Grand, et plus tard, à l'école Normale supérieure.

On était en pleine restauration; Manuel, le député révolutionnaire, venait de mourir. Le maître d'études Gascon, qui cherchait à se produire, prononça sur sa tombe un discours tellement violent, contre le pouvoir qui lui donnait du pain, qu'on le chassa de l'école Normale.

Neuilly recevait alors tous les mécontents; Marrast obtint des subsides du duc d'Orléans, et fut attaché à la rédaction de la *Tribune*, journal d'opposition virulente contre les Bourbons de la branche aînée.

Après les journées de juillet, l'heure des récompenses sonna pour les *héros* de cette lutte de presse. On offrit à M. Marrast, qui demandait modestement une place au conseil d'Etat ou une préfecture, une sous-préfecture de troisième classe. Le journaliste refusa dédaigneusement cette bribe offerte à son appétit méconnu, et criant à l'ingratitude, se jeta, par dépit, dans les rangs de la faction républicaine, composée des mécontents qu'avait faits la parcimonie du nouveau gouvernement. Il recommença derrière la *Tribune,* contre la monarchie bourgeoise, cette lutte de phrasiologie hargneuse dans laquelle il excellait.

Les attaques contre les hommes et les faits devinrent bientôt si vénimeuses, qu'il subit, en 1831, un procès en diffamation pour un article où il accusait Casimir Périer et le maréchal Soult, tous deux ministres, d'avoir reçu chacun, à propos d'une fourniture de fusils et de sabres, un pot de vin d'un million. L'*Insulteur public* (suivant l'énergique expression d'un célèbre avocat) fut condamné à six mois de prison et 3,000 fr. d'amende. Il méritait mieux que cela.

Armand Marrast, qui se déclara dès lors partisan frénétique du régime de 93, écrivit, pendant la durée de sa peine, *la presse révolutionnaire,* où, dans une apologie hurlante du féroce Marat, il arbore des principes socialistes bien autrement avancés que ceux qu'il proscrivit depuis, pendant son passage aux affaires.

Arrêté comme l'un des plus actifs conspirateurs d'avril 1834, Marrast parvint à s'évader de Sainte-Pélagie et à gagner l'Angleterre. Il passa, l'année suivante, en Espagne, et là, toujours fidèle à son rôle d'*insulteur public*, il publia contre la reine mère, Marie-Christine, une chanson infâme. Emprisonné de nouveau, une juste sentence le condamna à la peine de mort, qu'il aurait subie sans l'intercession de l'ambassadeur de France à Madrid. Après d'humiliantes soumissions, il fut gracié par la princesse qu'il avait lâchement outragée.

L'amnistie rouvrit, plus tard, à Armand Marrast, les chemins de la France; et il sut exploiter si habilement les souffrances qu'il avait subies pour le *principe*, que la rédaction en chef du *National* lui fût confiée. Mais les châtiments avaient modéré son ardeur. Il ne s'aventura plus, dès lors, en attaques personnelles, et abdiquant son allure de roquet accroché aux jambes du pouvoir, il devint le phlegmatique chien de garde, qui grogne sourdement dans sa niche, sans se risquer au dehors, plus de la longueur de sa chaîne. Jamais feuille radicale ne fut aussi pâle que le *National* sous la direction de Marrast.

Lorsque fut agitée la fameuse question des fortifications de Paris, les délégués des comités électoraux républicains des douze arrondissements de Paris apportèrent au club secret da la rue Lepelletier une protestation flamboyante contre ce qu'ils appelaient l'embastillement de la révolution. Après avoir fait le pied de grue dans l'antichambre du rédacteur en chef, ces messieurs furent congédiés sans obtenir une minute d'audience. Pendant ce temps - là, l'incorruptible *National* puisait dans les fonds secrets des arguments irrésistibles en faveur des forts détachés qu'il attaquait la veille..... *Quid non mortalia pectora cogis, auri sacra fames !...* Les démocs-socs grincèrent des dents, mais le *National* s'en moqua dans son arrière-boutique.

La révolution de 1848 a été trop de fois racontée, sous ses aspects les plus scandaleux, pour que nous revenions sur ce sujet. La part odieuse attribuée aux limiers du *National* dans le lugubre épisode du boulevard des Capucines est connue de toute la France. Elle a été dénoncée par quelques-uns de ses acteurs : confusion tardive, mais pleine d'enseignements pour l'avenir. Armand Marrast était resté dans la coulisse pendant la mise en scène du drame. Il en sortit, après la chute du rideau, pour courir à l'Hôtel de Ville... *Tarde venientibus ossa,* dit un ancien proverbe. La place était occupée par les gros bonnets du parti. Mais Marrast avait l'échine souple ; il entra au service du Provisoire, en qualité d'enrôlé volontaire, avec Flocon et Louis Blanc, pour tenir la plume. Ces messieurs avaient eu soin de se flanquer d'un certain M. Albert, OUVRIER..... du *National;* cette exhibition eut un plein succès devant les badauds du démocrétinisme. L'un poussant l'autre, ces citoyens se casèrent autour du *tapis franc* où se jouait l'avenir du pays. M. Marrast, le plus matois des quatre, se fit maire de Paris, et tuteur officieux de ses revenus. Cela s'appelle faire de la politique pratique.

Ici, la plume me tombe des mains : — Par lequel des hauts faits du nouveau maire continuerai-je mon récit? par quel côté toucher à cette existence bouffie de ridicule et de scandale? Nous avons tant d'autres héros démocrates, et des meilleurs, à passer en revue dans cette galerie, que nous sommes forcé de n'indiquer que sommairement les principales frédaines du successeur de M. de Rambuteau.

Le premier soin d'Armand Marrast avait été d'appeler auprès de lui tous les individus attachés par un lien quelconque au *National,* pour s'en composer une espèce de basse-cour. La rédaction entière arriva, traînant à sa suite une foule de clients, et tous se ruant à l'envi sur les emplois dont pouvait disposer leur patron. On chassa de l'administration préfectorale quantité de vieux serviteurs pour installer à leur place *les républicains de la veille.* On cite des fonctions de chef de bureau données à des gens qui savaient à peine lire. — Un *Flottard* fut nommé secrétaire général.

Tous ces personnages eurent bientôt leurs coudées franches dans les caisses de la ville. Des gaspillages sans nom s'établirent sur des finances obérées déjà par la cessation violente du payement des octrois. Des sommes considérables furent dérobées par l'abus immodéré des bons de toute nature que les fonctionnaires de M. Marrast vendaient souvent pour le quart de leur valeur, chez les fournisseurs qui approvisionnaient la garnison de l'hôtel.

L'ex-maire de Paris pourrait nous renseigner sur les secrets détails d'un marché scandaleux, dont l'opinion publique s'émut à propos des draps destinés à l'habillement des gardes nationaux peu aisés.

Il résulte de documents officiels que la caisse municipale, pendant les trois mois de pouvoir de M. Marrast, s'endetta de près de TRENTE MILLIONS.

Pendant que ces choses se passaient, on pouvait lire encore, sur les murs de Paris, cette inscription menaçante : MORT AUX VOLEURS! Il est vrai que cette menace ne concernait que le vulgaire; canaille, sotte espèce.

Après ce rapprochement, il faut se taire. D'ailleurs, pourquoi s'étonnerait-on de cette danse

des écus nationaux? Le chef d'orchestre n'en était
pas à son début. La caisse de la *Tribune*, trans-
formée jadis par ses soins en instrument *à vent*,
nous donne la mesure de son savoir-faire. Tous
les démocrates savent (mais tous n'avouent point)
que Marrast fut le vampire de ce journal. Nous
connaissons un actionnaire dont les quatre-vingt-
dix mille francs disparurent dans un galop infer-
nal, au souffle de l'Apollon de Saint-Gaudens.
Si M. Marrast osait nous démentir, nous le met-
trions tout simplement en face de sa dupe, en
ajoutant cette naïve question : « D'où provenait,
ô grand citoyen, l'or qui roulait dans vos poches
pendant votre séjour à Sainte-Pélagie?... »

M. X***, ex-républicain de bonne foi, s'il
y en eut, et jadis plumé à vif par les fricoteurs-
généraux de la *Tribune*, nous communique le
fait suivant, dont il accepte toute la responsabilité.

« C'était au bon temps de la *Tribune*, M. Marrast et M. Germain Sarrut s'y succédaient alter-
nativement comme rédacteurs en chef.

« La *Tribune* venait d'être condamnée à une
amende de 5,ooo francs, M. Germain Sarrut était
alors à Sainte-Pélagie.

« M. Marrast qui commandait par intérim à
la *Tribune*, écrivit au personnage que nous
avons cité, le priant de se rendre chez lui.

« M. X*** s'empressa de satisfaire à cette invitation ; il fut reçu avec des caresses inusitées. Cette circonstance l'inquiéta.

« — Mon excellent ami, lui dit Marrast, avez-vous cinq mille francs ?

« — Non, fit l'autre, qui sentait la botte venir. Qu'en voulez-vous faire ?...

« — Payer notre amende,—la caisse est à sec, —puisque tu n'as pas d'argent, n'en parlons plus, — le journal est f...u ! ! !

« — Allons donc !

« — Parole d'honneur; Sarrut est un chancre rongeur ; sa prison nous a ruinés. Après-demain nous cessons de paraître.

« — Ah çà, reprit l'apprenti démocrate, et les *amis ?...*

« —Il n'y a plus d'amis.—Le monde est peuplé d'égoïstes.— Nous seuls pratiquons la *fraternité*, le *socialisme* VRAI. — Ah ! ce misérable Sarrut! Sans ma coupable faiblesse pour ses truffes et son Bordeaux-Laffitte , nous n'en serions pas là !...

« — Allons , fit X*** magnétisé, je n'ai pas d'argent, mais voici qui en tiendra lieu.

Et saisissant une plume, il écrivit deux traites sur un banquier de province, puis, les tendant à Marrast, il s'esquiva à la hâte pour se soustraire à l'ovation que le futur maire de Paris voulait lui décerner.

« Il faut, pour l'intelligence de ce qui va suivre,

que nous donnions connaissance au lecteur d'un usage de la *Tribune.*

« Chaque don de mille francs fait au journal donnait à son auteur le droit de recevoir ou de faire servir, à qui bon lui semblait, un exemplaire de la *Tribune,* pendant une année.

« Or, notre héros qui possédait, et pour cause, cette particularité, rencontrant des *frères* et *amis* indigents, leur proposa trois abonnements du journal qu'ils acceptèrent avec enthousiasme.

« C'était plusieurs semaines après l'affaire des cinq mille francs ; Germain Sarrut, sorti de prison, était au pouvoir tribunitien. Le républicain candide se présenta à lui.

« — Bonjour, illustre victime.

« — Bonjour, vieux, bonjour ; que veux-tu ?

« — Je viens vous apporter les adresses de trois camarades, et vous prier de donner des ordres afin qu'on leur envoie le journal.

« — Très-bien ; — tu fais de la propagande, toi, tu es un bon, tandis que les autres !... Ces gueux !... Mais mon petit, çà ne me regarde pas, çà ; va voir le caissier.

« — Vous ne vous souvenez-donc point des *cinq mille francs* que j'ai *donnés ?*

« — Hein! cinq mille francs! A qui ? Pourquoi?

« — Je les ai remis à Marrast pour payer l'amende.

« A ces mots, Sarrut devint livide ; il arracha une sonnette.

« — Les livres ! cria-t-il, qu'on apporte les livres.

« Et quand il eut déroulé les pages devant le jeune homme stupéfait ; quand il lui eut prouvé que l'amende avait été fournie par l'encaisse florissant du journal : — Allons chez Marrast, dit Sarrut.

« M. Marrast reçut les deux visiteurs avec la plus rare cordialité.

« —Comment donc, s'écria-t-il, à la première question de Sarrut, comment donc, ce brave X.***. Assurément, il m'a remis cinq mille francs, — il est tombé bien à propos, va, *j'étais à sec.* —Ce garçon est très-fort, il se prépare un bel avenir en plaçant sa fortune chez nous. — *Il est venu me demander cinq actions ; ma foi, je lui en ai vendu des miennes, que, manque de souvenir, je n'ai pas encore livrées.*

« Tiens, mon bon X.***, voilà tes titres, inscris les numéros.

« On fuma, on but du champagne, et on se sépara grands amis. »

Plus tard, le duc Charles de Brunswick, chassé de son pays, avait choisi la raison *sociale* Armand Marrast et compagnie, pour l'exploitation de ses doléances. La *Tribune* fut encore poursuivie et condamnée à mille francs d'amende.

Le duc envoya les fonds à Marrast par son homme d'affaires. Marrast en usa dans cette circonstance, envers le duc de Brunswick et la caisse de la *Tribune*, comme il en avait usé dans ses rapports avec le pauvre S*** G***. — Nous renonçons à donner la définition de ces actes, on peut la trouver en feuilletant le Code pénal.

Le citoyen Marrast est de la race des viveurs, et, quoique sympathisant peu avec Ledru-Rollin, leur existence était identique. Les cuisiniers de l'ex-préfet de la Seine avaient trouvé un digne appréciateur, et les denrées de M. de Rambuteau, ses vins fins, ses conserves exquises, s'engloutirent bientôt dans les vastes capacités du maire de Paris et de ses gardes du corps. Des révélations, tout récemment publiées, nous apprennent que M. Marrast, pour sa propre part, se fit donner des vins de la liste civile pour un peu plus de vingt mille francs, ce qui n'empêcha pas le liquidateur des biens de la Couronne de s'approprier nombre d'objets précieux, et de faire galamment les honneurs des voitures de la Cour aux princesses de *Breda-Street*, pour les conduire, à l'Opéra, dans la loge du roi Louis-Philippe.

A propos de voyages à Cythère, M. Marrast, qui avait sa police à l'Hôtel de Ville, et qui possède de si beaux secrets, voudrait-il bien nous nommer le héros de l'anecdote qu'on va lire?

Le 24 février, un lion du journalisme radical

à crins musqués, à face rutilante, avait quitté sa tanière pour une cage dorée. Ce roi des animaux parlants reçut, un jour, une lettre de la veuve d'un homme qui lui avait rendu des services dans des jours de détresse.

. « Je suis malade et sans ressources avec neuf enfants, lui exposait la pauvre femme. Trois seulement sont en état de travailler : trois filles, innocentes et belles comme les anges. La révolution nous ôte le pain de chaque jour ; qu'allons-nous devenir ?..... Si vous n'avez pas, dans vos grandeurs, perdu la mémoire de votre ancien ami, vous tendrez une main protectrice à sa famille. »

Cette requête était digne et sainte ; elle eût fait tressaillir les entrailles d'un simple *réactionnaire*. Mais l'illustre démocrate ne sentit vibrer que la fibre d'une cruelle fantaisie. Il fit atteler une voiture de l'État, et s'en vint, tout frotté de bergamotte, *fraterniser* avec la douleur.

Introduit dans l'asile de la vertu délaissée, il admire trois vierges, l'une de quinze, l'autre de seize, et la dernière de dix-huit ans ; toute trois d'une exquise beauté. L'éclair du désir allume ses regards. Il se penche à l'oreille de la veuve, et lui glisse des paroles secrètes. Un cri d'horreur échappe à la mère indignée..... Le lion se pince les lèvres, et, craignant une explosion compromettante, s'esquive d'un pied léger, en jetant *cinq francs* sur une table boîteuse.....

Le temps du Provisoire s'écoula, pour le citoyen Marrast, dans de tranquilles festins, dans de splendides réceptions, où il trônait devant ses convives émerveillés. La politique l'occupait peu; il trouvait à peine, dans son existence dorée, l'énergie de maudire les trouble-fêtes qui l'avertissaient que son règne ne serait pas éternel.

Possesseur de cinq à six traitements, comme membre du gouvernement provisoire, comme maire de Paris, comme liquidateur de la liste civile, comme... tout ce qu'il lui plaisait d'être, Antinoüs-Armand Marrast soldait, d'après ses propres aveux, une police spéciale, destinée à surveiller ses propres collègues, qui le lui rendaient bien. Il noyait en même temps les soucis de la grandeur au fond de *treize cent dix* bouteilles de crûs d'élite, dont il avait, en gourmet *liquidateur*, débarrassé les caves royales, et se faisait traîner en coupé, aux frais du roi fugitif. On n'a pas, tous les jours, de pareilles aubaines; il est bon d'en profiter.

Obligé, après les événements de juin, de quitter un poste où il n'avait, pendant ces funestes journées, donné signe de vie que pour faire fusiller des prisonniers réclamés par la justice du pays, l'ancien conspirateur devint *président* de l'Assemblée nationale. Décidément, il était né coiffé.

En quittant l'Hôtel de Ville, l'ex-maire refusa de rendre aucun compte de sa gestion si imporlante; il *brûla* tous les papiers de son administration financière. — De quelle peine la loi eût-elle frappé un homme dépourvu des mêmes moyens d'impunité ?

M. Marrast continua, dans le palais présidentiel de l'Assemblée nationale, sa vie de sybarite éhonté. Plein d'une morgue étrange envers ses anciens confrères, on sut alors tout ce qu'a de dur, de sec et d'étroit le cœur de ce petit homme, tout ce qu'il renferme de fiel et de dédain. Il associa son nom à toutes les mesures antipathiques à l'esprit du pays. Instrument de la faction du *National*, il soutint de toutes ses forces la candidature du général Cavaignac, à l'aide duquel il espérait perpétuer son séjour au Palais-Bourbon. Son premier châtiment fut de proclamer le prince Louis-Napoléon président de la république.

Aux élections pour l'Assemblée législative, Armand Marrast, sorti président de la Constituante, n'a pas même été nommé représentant. Paris l'avait répudié ; les départements n'ont pas voulu ramasser cette candidature dans l'ornière du mépris public.

Depuis sa chute, l'ex-*transporteur* fait amende honorable à la porte de tous les conclaves démagogiques. Il se cramponne au socialisme avec l'étreinte désespérée d'un homme qui se noie. Mais ses anciens complices le repoussent comme un traître ; mais la plèbe, qu'il a insultée dans ses jours de gala, houspillée du haut de sa chaire curule, la plèbe a horreur de son nom.

Après s'être compromis jusqu'à boire *à la République sociale* dans les banquets de veau froid, l'ancien rédacteur en chef du *National* s'est vu fermer les portes de cette feuille dont il avait porté la fortune à un si haut degré.

Le *Siècle* a dédaigné sa collaboration.

Les journaux de province le laissent se morfondre, et *l'Écho de Vésone*, où il sollicitait la succession de M. Dupont, l'a trouvé trop..... ROUGE.

En ce moment, M. Marrast magnétise toutes les bourses révolutionnaires pour leur faire suer cent mille francs, qu'il destinerait à fonder un journal *à lui*. Il se fait pauvre, il tend la main comme Bélisaire, sans que personne se soit laissé jusqu'ici attendrir par ses plaintes de crocodile.

Si l'on m'objecte les millions sortis sans contrôle de la caisse municipale, je répondrai que, sans doute, le rusé père Marrast veut bien faire danser, dans une entreprise couverte de son nom, les écus d'autrui, mais que, prévoyant qu'une aubaine pareille à celle de février ne se présentera plus, il tient à garder son magot.

Si le *citoyen* Marrast se plaignait de notre franchise, l'épigraphe de cette biographie ferait notre réponse ; elle en vaut bien une autre.

Ferdinand Flocon.

> Tu feras tache au ministère, — n'y va pas.
>
> M. Flocon père, à son fils, après la
> révolution de février.

Ferdinand Flocon, fils d'un modeste employé des télégraphes, fut d'abord maître d'études dans un collége de province, où il avait reçu le bienfait d'une instruction gratuite. Bientôt après, il vint à Paris, et débuta dans la carrière politique par plier sous bandes les numéros d'un journal qui ne faisait pas ses frais. Utilisant, plus tard, l'usage des signes graphiques qu'il avait appris de son père, il obtint un emploi de sténographe, peu rétribué il est vrai ; mais cette position était le marche-pied qui, malgré sa médiocrité excessive, devait lui faire franchir, peu à peu, à force d'intrigue, tous les échelons de la presse démagogique et sociale.

On était aux derniers jours du règne de Charles X ; les conspirations qui précipitèrent sa chute, étaient en permanence ; mis en contact par la nature de ses fonctions avec un grand nombre d'écrivains de l'opposition, le copiste se glissa parmi ses maîtres, en se montrant enthousiaste des principes radicaux. — Il pouvait fumer un nombre incalculable de pipes ; il buvait avec une facilité prodigieuse ; tous les jeux lui était connus, il excellait surtout au billard ; — aussi jouit-il, en peu de temps, d'une considération extrême au milieu des Marrast, des Grandménil, des Germain Sarrut, et autres réformateurs *ejusdem facinæ*.

Flocon était un joyeux compère ; on pouvait en faire un excellent homme de paille, mais il aspirait au grade de rédacteur quelconque. On procéda à ses débuts littéraires. Les coviveurs barbouillèrent sous son nom un mauvais pamphlet contre les jésuites, et l'ex-faiseur de bandes se réveilla un beau jour rédacteur du *Courrier français*, membre de l'Institut des sociétés secrètes, et l'un des convives de ce budget révolutionnaire auquel s'alimentaient tous les appétits de l'époque !

Après 1830, Flocon, dont la mince importance ne put aspirer aucune des faveurs qui tombèrent sur les journalistes de l'opposition, Flocon se lança avec rage dans le républicanisme féroce. Il prit part à toutes les conjurations contre le nouveau pouvoir, et, en 1832, pour calmer sa fièvre, on dut le renfermer pendant un certain temps sous les ombrages de Sainte-Pélagie.

Après sa mise en liberté, le conspirateur végéta plusieurs années sans trouver de débit pour sa plume; ses anciens amis se prosternaient sous le parquet. Enfin, touché de ses doléances et de sa misère, Godefroid Cavaignac l'accueillit à la *Réforme*, que l'on fondait alors avec les écus de Grandménil, manière de dupe, qui se prévalut de ce fait pour se porter candidat aux élections de la *Constituante*. Louis Blanc coopérait à l'œuvre.

. Flocon fut le secrétaire de Cavaignac, son Pipelet, son maître Jacques, le décrotteur de ses tartines, l'endosseur de ses actions compromettantes ; il se vendit à lui corps et âme ; aussi, s'implanta-t-il si bien à la Réforme, qu'à la mort de son patron, il se trouva concurrent de Louis Blanc pour la rédaction en chef de cette feuille.

Grandménil avait liquidé, Ledru-Rollin était le commanditaire actuel de la *Réforme* dont il se servait pour piper les badauds, et qu'il soutenait sur ses recettes. Il fallait au MACAIRE politique un Bertrand. Louis Blanc aurait assez convenu, mais les prétentions orgueilleuses du Tom Pouce révolutionnaire s'accommodaient peu avec la morgue impérative du gros et lourd tribun. Flocon, lui, était éprouvé, il n'avait qu'à continuer à Ledru-Rollin les services de tous genres qu'il rendait à Cavaignac ; — on le nomma rédacteur en chef, et Louis Blanc fut (en style socialiste) *balancé*.

Dès lors l'ancien sténographe se lâcha la bride à travers le manége de la *Réforme*. Le culte de

Marat, les sanguinaires souvenirs d'une époque funeste, les prédications incendiaires au peuple, l'appel à tous les mauvais instincts, à la jalousie, à la haine de la race souffrante contre les privilégiés du sort, telle fut la mission infâme qu'accepta le parvenu littéraire. On sait avec quelle persévérance et quel succès il s'en acquitta, avec l'aide de Baune, de Dupoty, d'Avril, ses dignes acolytes.

En même temps s'ouvrit pour Flocon une ère de débauches soldée par l'argent des sociétés rouges, ces festins, où l'on trinquait au triomphe de l'insurrection, et dont les collectes parmi toute la lie des faubourgs payaient la carte. Il y gagna le titre de *Roi des estaminets*, et le numéro *un* pour sa pipe à la tabagie Sainte-Agnès, rendez-vous ordinaire de la démo-crapule de Paris.

Que ne pouvons-nous raconter quelques scènes de cette vie de républicain! nous laisserions bien loin derrière nous tout ce qu'on a dit jusqu'à présent; nous ferions pâlir les *conspirateurs*. — Fidèles à notre promesse de nous arrêter, là où la bienséance réclamerait ses droits, nous n'osons ouvrir au lecteur ces pages qui montrent dans tout leur cynisme les hommes qui, sous nos yeux, se prétendent appelés à régénérer la France.

La révolution de février éclata, préparée et hâtée par tous les gens de la *Réforme;* au moment de la lutte, le rédacteur en chef se contenta d'envoyer les *siens*. Pour lui', que l'âge avait rendu prudent, il resta dans son cabinet, sauf, comme il le fit depuis, à publier après la victoire un bulletin de ses pompeux exploits.

Le grand-maître de *la Réforme*, forcé par ses complices, avait escaladé le pouvoir d'un pied tremblant; il appela son fidèle séide, et Flocon, installé au *Provisoire* en qualité de secrétaire de Ledru-Rollin, trouva que cette fois son apport de fonds était égal à celui de son ancien commanditaire, et comme sa seule voix lui suffisait pour parvenir an premier rang, il devint, par une simple manifestation de sa volonté, l'égal de son chef de file.

Ainsi se créa ce gouvernement, sorti, prétendit-il, de la libre élection du peuple, de l'approbation du pays.

Pendant la durée du Provisoire, Flocon brilla peu. Logé dans les appartements du secrétaire général de l'intérieur, orné de *deux aides de camp*, le citoyen journaliste se mit à jouir paisiblement de sa nouvelle fortune; de la politique, il s'occupait peu ou pas du tout; ses seuls actes étaient de soutenir Ledru-Rollin dans ses ignobles parodies des montagnards, et de faire nombre à l'Hôtel de Ville les jours de séance orageuse. La seule mission active qu'il consentit à remplir fut de diriger sur les frontières des bandes d'insurgés qui, comme à Risquons-Tout, allèrent attaquer nos voisins, tranquilles sur la foi des traités. Il est vrai que des sommes importantes se virent employées à ces opérations, et que la Cour des comptes a refusé de régulariser leur emploi, *faute de pièces justificatives.....*

Flocon employait ses journées plus agréablement qu'aux soins du gouvernement. Les écuries et les caves de la liste civile lui étaient ouvertes, et tandis que le membre du Provisoire renouvelait les orgies triomphales de la jeunesse des RADICAUX, Mme Flocon qui, jadis, avait vécu dans une sphère moins élevée..., s'emparait des carrosses royaux, et roulée sur les moelleux coussins de la duchesse d'Orléans, lâchait ces mots d'une célébrité européenne : *C'est nous qu'est les princesses, maintenant ! !!*

La commission exécutive, c'est-à-dire Ledru-Rollin, nomma Flocon ministre du commerce ; — un scribe parvenu par des coteries, sans intelligence, ministre dans des circonstances semblables ! — et il accepta.

A cette occasion, son père, brave et honnête homme, lui donna le conseil suivant, dont les paroles suffisent pour la plus piquante critique qu'on puisse faire de notre personnage.

« Flocon, disait le vieillard, jusqu'ici tu as peu écouté mes avis, aussi as-tu subi parfois de cruelles épreuves. Il y a quinze ans, tu t'es marié..... malgré moi. Aujourd'hui, incapable que tu l'es, avec ton genre de vie, tu veux t'installer, ainsi que ta femme, dans un ministère ; — crois-moi, n'y va pas, TU Y FERAIS TACHE !.... »

Flocon ministre, vécut comme Flocon gouvernant. A peine jeta-t-il à l'assemblée inattentive, quelques vieilles phrases extraites de la *Réforme* sur l'état de l'agriculture, sur le droit au travail, sujet à propos duquel, pendant quatre ans, il avait annoncé un livre qu'il s'était bien gardé d'écrire.

Sa principale besogne fut de soulever les ouvriers contre leurs patrons, en leur promettant que, s'ils se formaient en associations indépendantes, les administrations de l'État traiteraient directement avec eux ; — beaucoup de travailleurs quittèrent leurs ateliers espérant réaliser cette chimère ; les fabricants furent ruinés, la misère vint pour tous, et juin fut le dernier mot de cette affreuse comédie.

Le ministre du commerce tomba avec son maître ; Ledru-Rollin et Flocon arrachés à leurs jouissances de pachas, reprirent leurs rôles d'avant février ; tous deux retournèrent à la *Réforme* faire de la terreur, et dresser leur batteries pour renverser les égoïstes qui, sans souci de leur ancienne confraternité, avaient accaparé gloutonnement le pouvoir sans leur en laisser la moindre bribe.

La feuille des *démocrates avancés* devint le centre d'une insurrection permanente ; ses colonnes prêchèrent ouvertement la révolte. De la couleur écarlate, les rédacteurs étaient devenus *lie de vin* : AINSI LE VOULAIT LE MAÎTRE.

La *Réforme* était l'organe journalier des clubs, leur Moniteur officiel : Flocon servait d'intermédiaire. Connu de tous les héros des sociétés secrètes, de la tourbe sanguinaire des faubourgs, il présidait à leurs réunions, et enregistrait dans son journal, véritable foyer d'incendie, les provocations à la révolte qui émanaient de ces êtres immondes.

Il faut dire cependant que toutes les délibérations des clubs anonymes inspirées par la *Réforme*, n'étaient pas publiées ouvertement ; ainsi, le programme révolutionnaire dont nous allons citer quelques extraits, saisi plus tard au siége de la société secrète des *Amis de l'Egalité,* sous la raison politique *Ledru-Rollin et compagnie,* contient des projets un peu vifs pour rénover la France, que l'on se gardait bien de découvrir aux novices, et qui nous apprennent aujourd'hui ce que nous devons attendre de ces grands citoyens qui veulent *nous délivrer* de la *tyrannie.*

CONSÉQUENCE A METTRE EN PRATIQUE A LA PROCHAINE RÉVOLUTION.

« Aussitôt l'insurrection éclatée sur un grand nombre de points, il faut la concentrer et marcher sur le Palais-Bourbon, *fusiller* tous les ennemis du peuple et de la république, moins les radicaux. A cette heure, la justice du peuple commence.....

« Tout individu qui s'interposera entre la justice du peuple pour sauver un coupable, sera *fusillé* immédiatement.....

« On s'emparera aussitôt du ministère de l'intérieur et des lignes .télégraphiques. On enjoindra aux frontières de ne laisser franchir le territoire de France à aucun individu, quel qu'il soit, *sous peine de mort.....*

« On s'emparera de la préfecture de police ; tous les administrateurs pris dans l'intérieur seront *fusillés* sur le champ.....

« Tout réactionnaire demandant un passeport sera arrêté et *fusille* de suite.....

« Les quartiers *aristocratiques* seront cernés par le peuple et *épurés* immédiatement.....

« Le gouvernement est *dictatorial* et se compose d'un triumvirat.....

« Le gouvernement invite tous les marchands de denrées et d'objets nécessaires à l'existence du peuple, à délivrer sur les bons de la mairie tout ce dont il a besoin. Aucun refus ne sera toléré.

« La ville de Paris et toutes celles du territoire sont mises *en état de siége.*

« Le désarmement de la garde nationale se fera dans les vingt-quatre heures ; toute infraction au délai sera *punie de mort.*

« Tous chantiers, usines, fabriques, appartiennent aux travailleurs, sauf remboursement de la valeur à fixer par la commission d'expertise.

« Tout intérêt quelconque du capital est aboli par la république DÉMOCRATIQUE *et* SOCIALE. »

Au surplus, le cénacle de *la Réforme* n'a pas même le mérite de l'invention ; il a copié tout au long Babœuf, cité par cet infâme Buonarroti dont Louis Blanc s'est constitué l'apologiste ; Babœuf qui, dans son complot contre le directoire, projetait de faire sauter, à l'aide de la poudre à canon, le Luxembourg, palais du gouvernement, et les deux conseils, dans le lieu où ils se réunissaient ; Babœuf qui, parmi ses plans de décrets insurrectionnels, avait inséré ces mesures anodines :

« Toute subordination envers les autorités existantes sera rompue, et tout acte de cette nature, *puni de mort* sur-le-champ.

« *Toute communication cessera* entre la France et les nations étrangères.

« Tout ÉTRANGER TROUVÉ DANS LES RUES DE PARIS, SERA MIS A MORT SUR-LE-CHAMP.

« *Sous peine de mort*, tous les *rentiers* et *négociants* fourniront un état exact *de leur fortune*, pour être imposés suivant leurs moyens, etc. »

On voit que les idées émises de nos jours par les hommes de *la Réforme*, comme choses neuves et inédites, ne sont que le triste plagiat des héros de l'ancienne république.

Revenons au citoyen Flocon.

Les affaires de Rome excitèrent au plus haut degré l'ardeur guerrière de *la Réforme*; elle emboucha la trompette des combats, elle se farcit de provocations au pouvoir, et Ledru, son infortuné patron, poussé par l'imbécile coterie, décréta le 13 juin.

La tragédie menaçante tourna en parade grotesque; le futur dictateur se sauva à Londres, et, privés des écus de leur maître, qui les accusait de l'avoir trahi, les écrivains de la feuille terroriste durent fermer boutique.

Adieu ces grasses subventions, payées jadis sur les caisses de l'État; adieu ces places de commissaires à 40 francs; adieu même aux modestes appointements de représentant. — La France devient sage, elle fait des économies.....

Le citoyen Flocon n'a pas été réélu à l'Assemblée législative. Après la mort de *la Réforme*, il s'est exilé dans le nord, et, pour se venger de ses nombreuses infortunes, il délaie, dans le *Démocrate du Bas-Rhin*, ce qui reste de boue dans sa cervelle.

Madame Flocon se plaint d'être réduite..... au tabac de caporal. Elle menace de se faire..... réactionnaire.

Deuxième Partie.

LES REPRÉSENTANTS

Michel (de Bourges) — Victor Considérant
Émile de Girardin — Eugène Cavaignac —
Jules Favre — Lamartine
Proudhon — Victor Hugo — Carnot —
Edgard Quinet — Lamennais

Ces honnêtes gens n'ont voulu abattre et faire table rase des priviléges et des sommités existantes, que pour bâtir à leur tour et à leur profit, sur ce plan libre et nivelé, leur petit édifice aristocratique. — Tout ce que la masse *payante* et *sensée* de la nation gagne à ces belles et grandes réédifications sociales sur de larges bases (comme ils disent sans rire), c'est de penser avec effroi que chacun, à son tour, a le droit de vouloir jouer à l'architecte ; c'est de payer la main-d'œuvre; c'est de redorer chaque couronne, *d'habiller à neuf quelques gredins en guenille, et de soûler la canaille.*

Eugène Sue.

Michel (de Bourges).

J'ai abandonné la DÉMOCRATIE en haine
de la DÉMAGOGIE !!!
5 mai 1847, MICHEL (de Bourges).

Le fameux et très-outrecuidant *Louis* MICHEL
tout court, qui se fait appeler *Michel* DE BOURGES,
pour se donner un plat vernis de contrefaçon no-
biliaire, est, tout simplement, le fils d'un muletier.

Il n'est point né à Bourges, qui ne se soucie
guère de pareils citoyens, mais au village de Pourrières, département des Bouches-du-Rhône, le
21 mars 1797, ainsi que le constate son état civil.
Pourquoi donc se fait-il appeler Michel de Bourges ?
Nous le dirons tout à l'heure, avec ou sans la permission de maître Michel.

« *J'étais républicain dans le ventre de ma
mère,* s'écriait un jour, dans un accès d'exaltation
calculée, le citoyen Michel. Tout ce que nous en

savons, c'est que sa famille ne l'était nullement, car son grand-père, vieux et honnête serviteur d'une maison noble, imbu des principes de ses maîtres, lui imposa, lors de sa naissance, le nom de *Louis*, en souvenir du roi assassiné par la république de 93.

J'ai dit son grand-père, car son père le muletier, tué dans une rixe de cabaret, avait privé de son appui sa femme, alors parvenue au dernier terme de la grossesse. Le travail et un courage résigné permirent seuls à la pauvre veuve d'élever son fils dans ces temps désastreux.

La Providence jeta plus tard sur ces deux êtres un regard de commisération. On était au milieu de *l'Empire*, les autels avaient été relevés, les prêtres pouvaient vivre au grand jour. Un bon ecclésiastique, l'abbé Topin, principal du collége d'Aix, avait une maison de campagne à Pourrières, où il soulageait bien des misères. Il avait plusieurs fois secouru la veuve du muletier. Un jour il lui proposa de se charger de l'éducation de son fils : la pauvre mère accepta avec reconnaissance, et l'enfant partit pour le collége d'Aix.

Louis Michel fit toutes ses classes à Aix, et quand il les eut terminées, le futur adversaire du clergé et de la religion reçut de l'abbé Topin et de plusieurs autres prêtres le moyen d'entreprendre l'étude du droit à la faculté de la ville où on l'avait élevé.

Reçu avocat quelques années après, M° Michel vint chercher fortune à Paris. Sur la recommandation de son bienfaiteur, il obtint la place de précepteur des enfants de lord Stacpoole, anglais excentrique, dont les extravagances eurent un grand retentissement. Il y resta deux ans environ.

Pendant ce séjour à Paris, Michel contracta d'utiles liaisons avec des jeunes gens aisés du *Cher*, qui, témoins de son ardeur à parvenir, séduits par son espèce de faconde qu'ils prenaient pour de l'intelligence, engagèrent le pédagogue ambitieux à venir se fixer à Bourges pour y exerla profession d'avocat, promettant de l'aider de tous leurs moyens; Michel les suivit, et il débuta par se faire inscrire au barreau de la ville qu'il allait désormais habiter.

Voyant qu'à force d'intrigues il gagnait à peine son pain, l'avocat débutant tourna ses batteries d'un autre côté.

Une riche veuve, héritière de deux maris dont elle avait d'abord été la *gouvernante,* offrit son cœur et sa fortune au méridional qui l'avait fasciné par une éloquence *expéditive,* et malgré deux enfants, fruits des précédentes unions, le nouvel hyménée se conclut.

Nous sommes arrivés au moment où le citoyen Michel commence à prendre une couleur politique. Jusque-là, il avait bien eu, comme il nous l'a appris récemment, pendant son indigent professorat, des velléités de carbonarisme, il avait quelque peu fréquenté les *ventes*, les sociétés secrètes, mais jamais une opinion ne s'était manifestée de sa part au grand jour. Ainsi l'exigeait son intérêt bien entendu.

Maintenant que M_e Michel est raccommodé avec la fortune, sachant que ses faveurs découlent du pouvoir, il se déclare l'admirateur passionné du roi Charles X, et ne dissimule point qu'une place dans la magistrature comblerait tous ses vœux.

A l'occasion de l'inauguration d'un portrait du roi dans la salle de séance de la Cour royale de Bourges, le 2 mai 1827, Me Michel, entraîné par son enthousiasme, inséra dans un journal, l'éloge pompeux du discours prononcé par le procureur général, dans lequel, exaltant la magnanimité de ce FILS DE SAINT LOUIS, Me Michel le compare à son illustre aïeul Henri IV, comme lui, monté sur le trône après de longs revers, et des *infortunes imméritées* (1).

C'est alors que le citoyen Michel fonda la *Revue mensuelle du Cher*, où les propositions les plus absolutistes étaient par lui prêchées avec une conviction et une persévérance dont il avait largement calculé les profits.

1830 arriva ; l'avocat qui espérait toujours,

(1) Voir les discours à la fin de l'ouvrage.

avait soutenu dans son journal les mesures gouvernementales, préludes des ordonnances ; — quand il vit le résultat de la crise de juillet, il envoya, le 2 août, au nom du département du *Cher*, une adresse au duc d'Orléans pour le prier de prendre la couronne que *lui seul était digne de porter*, lui promettant, en cas de besoin, l'appui de tous les habitants de Bourges ; et dan un des numéros de la *Revue*, après un pompeux éloge du nouveau roi, l'ex-admirateur de Charles X. inséra cette phrase : « *La monarchie de juillet satisfait à la fois les exigences de ma raison et les besoins de mon cœur.*

Tous les appétits voraces de l'ex-opposition, tous les héros de juillet de province, s'abattaient sur Paris à la curée des emplois et des honneurs. L'exemple trouva dans le citoyen Michel un imitateur empressé. L'adulateur tout frais de Louis-Philippe accourut réclamer la place de...... PROCUREUR GÉNÉRAL près la Cour de Bourges. Maître Michel, comme vous voyez, ne faisait point la petite bouche.

Après une longue attente, pendant laquelle le pouvoir de juillet s'affermissait, on renvoya l'avocat avide, ainsi qu'une nuée de confrères en pétitions, cultiver leurs choux. Michel revint à Bourges furieux, jurant, mais un peu tard, qu'on ne l'y prendrait plus.

Le citoyen Michel se proclama républicain ; il

n'avait plus à choisir ; il vécut cinq années, plaidant pour les républicains, écrivant des articles républicains, fraternisant avec les républicains, organisant dans le Cher l'*association nationale*, cette société de révolte , servant d'avocat à maître Marrast dans ses procès en diffamation, ce qui ne l'empêcha nullement, en mars 1833, de se charger, à beaux écus comptants, de la défense des Vendéens traduits devant les Cours d'assises de l'Est. Il mangeait, du même appétit, à tous les rateliers.

Nous arrivons de la sorte en 1835, époque du fameux procès des accusés d'*avril* devant la Cour des pairs. Me Michel y figurait comme avocat, et il déploya dans cette affaire, comme par la suite, au procès de Versailles, son système d'*abstention de défense* qui, l'une et l'autre fois, firent condamner tous les accusés à des peines fort sévères.

A cette occasion, le citoyen Michel et le Sangrado politique Trélat, rédigèrent une adresse à leurs clients fort injurieuse pour la Cour des pairs, et à l'insu de leurs collègues du barreau, ils écrivirent tous les noms des défenseurs au bas de ce *factum*, qui parut le lendemain dans plusieurs journaux.

Tous les avocats, au nombre de cent vingt-deux, furent cités à la barre de la Cour, prévenus d'outrage envers elle. Cent vingt protestèrent contre l'apposition de leurs noms au bas d'un acte qu'ils déclaraient ne pas même connaître ; on les acquitta ; les deux coupables furent condamnés à 10,000 francs d'amende pour *manque de respect* aux *pairs ;* — dans le Code, on appelle cela tout simplement un FAUX.

C'est à propos de ce procès que Me Michel s'étiqueta Michel de Bourges, sous prétexte qu'il y a beaucoup d'ânes qui s'appellent Martin. La vieille cité royale fut peu flattée du choix dont Louis-Michel prétendit l'honorer.

A son retour, les démocrates lui décernèrent une ovation, et une souscription, organisée par eux en faveur de l'*austère* avocat, solda le montant de son amende.

On verra dans peu comment il se la fit restituer, et comment une condamnation lui rapporta 10,000 francs.

Le citoyen Michel vécut deux ans sur son triomphe du procès *d'avril.* Confiné dans le *Cher,* il faisait bien, pour s'entretenir l'éloquence, un cours de propagande révolutionnaire, mais l'envie de développer ses talents sur une plus vaste scène le consumait, le rendait étique. — La députation était le thème favori de ses rêves ; — se faire élire à Bourges, il n'y fallait pas songer ; le radicalisme était peu en honneur auprès des censitaires de cette ville, et les *frères et amis,* sur lesquels il pouvait compter, ne jouissaient pas, comme depuis lors, du droit d'envoyer leurs pareils ridiculiser la France à la représentation nationale. Nulles chances n'existaient donc pour Louis-Michel dans son département.

Un citoyen de cette trempe n'est pas embarrassé pour si peu. A l'époque des élections générales de 1837, il courut à Niort, où les légitimistes disposaient d'une majorité considérable. Après certaines manœuvres secrètes, il signa avec les chefs vendéens un compromis par lequel il se livrait corps et âme au parti royaliste, s'engageant à servir, à la chambre, de tous ses moyens, la légitimité, et à passer ouvertement dans son camp quand l'instant serait favorable. Si le citoyen Michel contestait l'exactitude de ce fait, nous sommes à même de produire toutes les preuves désirables à l'appui de ce que nous avançons.

Il fut élu. Ses débuts à la chambre des députés furent marqués par un incident qui donnera la mesure de ce caractère grossier et cynique. — A la séance d'ouverture, où assistait, comme on le sait, toute la famille régnante, quand la reine se présenta, les députés, sans distinction de couleurs, la saluèrent, les uns avec les vivats, d'autres en silence. Seul, l'avocat de Bourges resta couvert, les bras croisés avec affectation en face de la princesse, et comme on murmurait autour de lui, par un mouvement brusque, il enfonça son chapeau sur sa tête. Ce fut alors qu'indigné, le

comte d'Argout cria au manant parvenu : « *En 93,
Monsieur, on assassinait les femmes, mais on
ne les insultait pas !...* »

Au bout d'une session de quelques mois, la législature de 1837 fut dissoute; le citoyen Michel avait été bien pâle parmi ces hommes tous d'opinions parfaitement tranchées. N'osant pas laisser voir aux républicains qu'il s'était chargé d'intérêts contraires aux leurs, craignant, d'autre part, s'il se ralliait à eux, de ne pas voir renouveler son mandat par ses commettants, il s'était rabattu sur de vulgaires provocations au pouvoir, sur d'injurieuses personnalités pour ses collègues ministériels, que personne ne daigna relever. Aussi, lors de la réélection, n'obtint-il pas une voix dans aucun parti.

Confiné dans sa solitude de Bourges, le fils du muletier de Pourrières se livra à de sérieuses réflexions; il découvrit qu'il se fourvoyait en continuant ses hommages à la république; il avait pu se convaincre, pendant son séjour à Paris, que l'avénement de la démagogie était encore bien douteux. Sa résolution fut bientôt prise.

L'ancien solliciteur de juillet vint faire sa soumission; il retrouva toute la souplesse de son échine pour s'incliner jusqu'à terre devant les *excellences;* en présence d'un repentir bien joué, le cœur des hommes d'État s'amollit, on admit le conspirateur amendé à récipiscence, avec promesse de songer à lui s'il persévérait.

Louis Michel, en fin matois, profita de ce bon accueil pour solliciter la remise de l'amende à laquelle la cour des Pairs l'avait jadis condamné, on lui accorda cette faveur pour arrhes de l'entente cordiale, et le 13 mars 1838, il reçut des mains du comte de l'Apparent, préfet du Cher, la somme de 10,000 fr. que le ministre de l'intérieur avait fait parvenir à ce dernier.

On doit se rappeler que cette amende avait été couverte par le produit d'une souscription démocratique ; Me Michel, qui n'avait rien déboursé, gagna de la sorte 10,000 fr. à sa condamnation.

Oh! la belle chose que l'industrie!...

L'habile avocat récolta lentement les fruits de sa réconciliation avec le pouvoir. On ne voulut pas le faire élire député, la conversion était trop fraîche; mais après plusieurs années de sagesse, il fut nommé, par les soins du préfet, membre du conseil général du Cher. Ici, nous devons signaler un trait d'ingratitude du citoyen Michel.

L'ex-élève de l'abbé Topin, l'homme élevé par les bienfaits des prêtres d'Aix, vota systématiquement contre les modestes subventions accordées aux établissements diocésains, et s'opposa avec fureur à ce que l'on inscrivit au budget départemental, les fonds alloués pour améliorer les traitements insuffisants du clergé de Bourges et des campagnes.

De 1838 à 1847, l'histoire de Me Michel ne renferme aucun fait qui mérite souvenir. Hormis quelques procès, assez peu honorables, et dans lesquels il déploya, suivant son habitude, ces manières de muletier mal décrassé, que les *démocs-socs* du temps baptisaient du nom d'*austérité*, d'*âpre génie*, mais qui lui méritèrent, de temps à autre, de sévères punitions disciplinaires, l'avocat, peu famé, ne produisit pas ce retentissement auquel ses premiers actes avaient donné lieu. On ne commença à s'occuper de lui qu'à propos d'une affaire qui produisit, chez les républicains, une sensation fort peu agréable.

Me Michel, que sa monomanie de députation n'abandonnait pas, avait fini par comprendre que le pouvoir n'accepterait sa candidature qu'après une rupture décisive, de sa part, avec la démocratie ; il ne voyait qu'un scandale capable de produire cet effet, et il se mit à l'affût d'une occasion propice. Il s'en présenta une vers le milieu de 1847, que le spéculateur en convictions se hâta de saisir au vol.

L'Écho de la Nièvre, journal ministériel, attaquait en diffamation *l'Union libérale*, feuille des démocrates de l'endroit. Me Michel courut à Nevers, offrir au gérant de *l'Écho* de porter la parole pour lui, et celui-ci accepta.

Le 5 mai, jour fixé pour la plaidoirie, Me Michel se présenta à l'audience, et prit place à côté de son client. Quand le rédacteur en chef de *l'Union libérale*, Pic, reconnut pour son adversaire l'homme avec lequel, *la veille encore*, il fraternisait : « L'honnêteté et la bonne foi sont bannies du cœur des hommes, s'écria-t-il ; comment la conscience de Mc Michel, *cet incorruptible républicain*, lui permet-elle de se charger d'une cause semblable? a-t-il donc renié ses anciens principes? — J'attends avec anxiété sa réponse... »

Ce fut alors que le chef actuel des sociétés secrètes de France s'écria, dans un transport furibond, en frappant du poing la barre : « J'ai ABANDONNÉ LA DÉMOCRATIE EN HAINE DE LA DÉMAGOGIE!! »

Et il réclama bravement une *sévère* condamnation, « *pour donner un exemple aux anarchistes.* »

Comme on le voit, l'homme *austère* et *incorruptible* avait successivement prêté son appui à toutes les opinions. — En 1833, il plaide pour les Vendéens ; — en 1835, pour les républicains ; — en 1838, pour M. Laity, bonapartiste, devant la Cour des pairs ; — en 1847, pour un royaliste constitutionnel. — Me Michel a-t-il jamais eu une foi politique quelconque?...

Depuis sa plaidoirie contre *l'Union libérale*, il était au mieux avec les autorités de son département et avec l'aristocratie, à laquelle il adressait ses plus charmants sourires, si bien que, le 10 août 1847, il assista au château de la Grange, où il s'était rendu dans la voiture de M. le préfet Mazers, au mariage du marquis de Latour-Maubourg, avec la fille du comte de Montalivet, sur le bras duquel, pendant tout le bal de noces, il affecta de s'appuyer, dans une causerie intime.

La révolution de février éclata sur ces entrefaites. La nouvelle de cet événement produisit sur Louis Michel l'effet d'un coup de foudre. « *Les imbéciles !* » maugréa devant la personne qui nous a rapporté ce fait, l'ex-démocrate peu soucieux de voir triompher les doctrines qu'il avait reniées, «*les fous ! Qu'est-ce qu'ils nous veulent avec leur république, avec leurs maudites idées? Nous allons être ruinés tous, et peut-être encore pis ! ! !* »

Ce mouvement d'hésitation peureuse fut de courte durée; l'industriel politique songea bientôt à profiter de ce qui lui avait d'abord semblé un contre-temps fâcheux. Avec la rapidité de l'éclair, de royaliste avoué, il devint républicain féroce.

Sans perdre de temps, le citoyen Michel fait réunir une certaine quantité d'individus sur lesquels il sait pouvoir compter; il descend à leur tête sur la grande place de Bourges, proclame avec enthousiasme la *république démocratique,* et marche sur la préfecture qu'il envahit. Il annonce à *son ami* le préfet qu'au nom du *Provisoire* il s'empare *provisoirement* de l'autorité, le fait sortir en grande hâte de son hôtel, et s'installe immédiatement à sa place.

Il fallait dignement continuer une parade aussi bien commencée. Par un train spécial du chemin de fer, un de ses beaux-fils et Me Bisson, avoué à Bourges, son intime, gagnèrent Paris en toute hâte. Ils coururent le matin du 26 février au ministère de l'intérieur, où Ledru-Rollin s'intronisait en ce même instant ; et, moitié par prières, moitié par menaces, exaltant le *courageux dévouement* dont Michel avait donné preuve la veille, rappelant ses anciens services, arguant même de ses liaisons nouvelles comme d'un puissant moyen pour faire accepter le nouvel ordre de choses, ils obtiennent du conspirateur-ministre, pour ledit Louis-Michel (de Bourges), la nomination de *commissaire général* dans le *Cher*. Rien ne peut se comparer à l'enivrement de notre habile escamoteur. Sa joie se manifesta surtout par les abus de pouvoir qu'il s'empressa de commettre pour se faire la main au nouvel ordre de choses. La plupart des juges qui avaient puni l'avocat grossier; la plupart des employés de la ville; le maire de Bourges, *un de ses grands amis* ; des conseillers de préfecture avec lesquels, peu de jours avant, il vivait *dans*

l'intimité la plus affectueuse, furent brutalement destitués par le nouveau despote. — Ah!
si 93 eût ressuscité en même temps, comme le
fils du muletier de Pourrières aurait grandi! Mais,
chance fatale, un malencontreux et diabolique décret du Pacha de la rue de Grenelle vint arracher
tout-à-coup le commissaire général aux joies de
son ambition délirante.

Mais ceci est toute une histoire.

Le 26 juillet 1836, madame George Sand, la
célèbre *écrivaine*, qui, comme on le sait sans
doute, est originaire du Berry, plaidait en séparation contre M. Dudevant, son mari. L'avocat
de la jeune et belle, *alors,* madame Sand, était
Mᵉ Michel (déjà *dit* de Bourges). Il gagna
son procès. Rien de mieux : mais les mauvaises
langues prétendirent qu'il avait puisé dans les
beaux yeux de la dame une éloquence inaccou-
tumée. Quoi qu'il en soit, les honoraires se ré-
glèrent *à l'amiable* entre le défenseur et sa
cliente. Des stipulations..... qui ne nous regar-
dent point, furent acceptées en paiement par
l'avocat libéral. Madame Georges Sand, brebis
sans méfiance, oublia de prendre un reçu.

Quelques mois après, Mᵉ Michel ayant *changé
d'opinion*, réclama sur papier timbré au bas bleu
ingénu, le remboursement de ses honoraires, et,
sur le refus indigné de l'aimable plaideuse, il
eut recours contre elle aux moyens judiciaires,

qui lui firent bien vite entendre raison. Madame Georges Sand avait trouvé le procédé un peu trop *icarien*, elle jura de s'en souvenir.

Un jour, au beau temps du *Provisoire*, la fameuse *rédactrice* des *Bulletins révolutionnaires*, s'entretenait avec des confrères en socialisme, dans les salons du ministre de l'intérieur, lorsque d'un groupe formé près d'elle, jaillit tout-à-coup le nom de Michel de Bourges. Elle prêta l'oreille, et entendit discuter certaines mesures récemment émanées du *commissaire général de la république* dans le Berry. Madame Sand se leva, prit à part Ledru-Rollin, et... *une heure après*, la destitution du citoyen Michel partait pour Bourges, entre les mains d'un sieur Fougerot, chargé de dégommer le commissaire général, et de revêtir sa dépouille.

Mais un mot, jeté au télégraphe par un ami bien intentionné, avait mis l'*austère* Michel au courant de la chose. Il prépara à son malheureux successeur, dès son arrivée au débarcadère, une ovation populacière si réjouissante, que le pauvre Fougerot épouvanté, se jeta dans le premier train qui partait, pour regagner Paris. On fut réduit, pour faire déloger le citoyen Michel, de faire assiéger la préfecture par toute la force armée du département. L'infortuné se cramponnait aux débris de son pouvoir avec la tenacité d'un baigneur qui se noie.

L'ex-commissaire général chercha, dès lors, dans la représentation nationale, un faible dédommagement à ses disgrâces. Malgré des efforts inouïs, en dépit de professions de foi ébouriffantes, le département du Cher, justement indigné de son administration, s'empressa de répudier cette candidature terroriste.

Pour se venger de ses mécomptes, le citoyen Michel, répudié par tous les honnêtes gens, se jeta dans ce que nous appelons le parti ROUGE, c'est-à-dire au milieu de cette plèbe immonde qui préconise les massacres et le pillage, qui reconnaît Robespierre et Marat pour ses dieux, et dont le symbole est une guillotine.

Pendant une année, cette année fatale qui produisit les jours de juin, qui organisa l'insurrection permanente dans nos provinces, le citoyen Michel, par sa conduite, par ses actes, par ses discours, se plaça au premier rang de la démagogie de Bourges.

Ses nouveaux amis le récompensèrent en l'envoyant prêcher l'anarchie sur la Montagne législative.

L'appétit vient à table. — Le fils du muletier de Pourrières, dont le *nec plus ultrà* était un pupitre de représentant, aspire à régner seul sur les apôtres et les disciples de la future république *sociale*. Son influence s'accroît de jour en jour, par des menées habiles, au sein de toutes ces

réunions occultes qui couvrent la capitale, et de
là rayonnent sur toute la France. Le citoyen Michel est en ce moment le grand-maître des révolutionnaires qui menacent la civilisation ; il
préside officiellement un concile de représentants
socialistes ; il correspond directement avec les
exilés de Londres ; les sociétés secrètes obéissent
à son commandement. Il est, en un mot, le chef
de la Montagne rouge.

C'était bien la peine de dire il y a trois ans :
« J'AI ABANDONNÉ LA DÉMOCRATIE EN HAINE DE LA
DÉMAGOGIE. »

Victor Considérant.

> Les républicains sont des REQUINS et des VOLEURS.
> Victor CONSIDÉRANT,

Victor Considérant est né à Salins, ville du
Jura. Fils d'un professeur de rhétorique, il fut
admis à l'école polytechnique en 1826, et quatre
ans plus tard, il passa comme officier au 2ᵉ régiment du génie.

Dès cette époque, Considérant cherchait dans
les doctrines de Fourier qui commençaient à être
connues, le moyen de se faire un nom, de parvenir plus vite que par la hiérarchie militaire. L'am-

bitieux avait flairé une voie nouvelle vers la for
tune.

En mars 1830, on consentit à recevoir au *Mer-
cure de France*, un article de lui sur le système phalanstérien, que Considérant s'empressa
de porter à Fourier, avec lequel, depuis longtemps, il désirait faire connaissance.

Tous deux se lièrent intimement. A la suite de
cette relation, Considérant, que des actes d'insubordination avaient forcé de quitter son régiment,
et qui se trouvait en demi-solde, c'est-à-dire à-
peu-près sur le pavé, renonça à son grade pour
fonder, conjointement avec Fourier, le journal le
Phalanstère, destiné à répandre dans le public
les idées de la nouvelle école. C'était en 1831.

Jusqu'ici nous n'avons eu qu'à constater des
faits, à préciser des dates ; aujourd'hui que l'individu soumis à notre examen a franchi le premier degré de l'échelle sociale, qu'il commence
à se faire connaître, suivons-le pas à pas dans
cette carrière de publiciste qu'il a choisie ; soule-
vons, pour les quelques adeptes qui gardent encore
l'illusion, le voile dont sont couvertes certaines
parties de cette existence.

L'association littéraire de Fourier et de Considérant fut une longue exploitation du maître
par le disciple.

Le candide Phalanstérien s'était livré pieds et
poings liés; Dieu seul sait ce qu'il eut à souffrir.

Quand l'amertume débordait son cœur, il se plaignait à quelques intimes de la *mauvaise foi*, du
manque absolu de *conviction* de son élève, de
son *ingratitude* envers lui. « Considérant, ré-
pétait le vieillard, propage notre doctrine comme
il vendrait des épices ; c'est de sa part une industrie qui le fait vivre, qui fournit à ses passions.
J'ai introduit le loup dans la bergerie ; que
de mal fera-t-il un jour !... »

La première victime de Considérant fut son
propre maître.

La feuille dans laquelle le pauvre Fourier avait
placé ses quelques ressources, tomba par l'incon-
duite de l'ex-officier.

Considérant s'empara du peu qui restait, et
l'homme bon et naïf, qu'il appela depuis son *illustre père*, alla MOURIR DE FAIM dans un grenier
de la rue St-Pierre-Montmartre.

Il est vrai que Considérant prononça sur sa
tombe un magnifique discours.

L'industriel rusé se proclama dès-lors le
grand-prêtre de la religion nouvelle. Parvenu,
en 1836, à réunir quelques adeptes à l'aide desquels se publia la *Phalange*, il se réserva l'exclusive interprétation des ouvrages et des théories
de Fourier.

A force d'intrigues et de charlatanisme, le
nombre des disciple du phalansthère s'accrut; du
nom du premier apôtre, ils se baptisèrent *Fourié-*

ristes; une propagande active travailla les provinces ; les niais, les badauds, les esprits in-
quiets, avides de nouveautés, s'enrôlèrent sous
les drapeaux d'une secte dont les idées mysti-
ques, dont les rêves égalitaires attiraient un grand
nombre d'individus qui n'y comprenaient rien.
Considérant, dont l'importance grossissait de jour
en jour, se vit à la tête d'un parti, et commença
à jouir du fruit de ses calculs ambitieux.

Des cotisations mensuelles entre les partisans
du phalanstère avaient jusque-là soutenu la *Phalange* et nourri ses fondateurs.

Considérant voyant croître ses adhérents, voulut
frapper un grand coup ; il décréta l'établissement
d'un journal quotidien, et ordonna, à cet effet,
une *quête générale et permanente* qui lui permit
d'accomplir ce résultat.

Commencée en 1840, cette collecte monstre
fut recueillie pendant trois années ; en 1848, on
compta ; plusieurs centaines de mille francs étaient
réunies. La *Démocratie pacifique* fut fondée ; et
Victor Considérant, en sa qualité de grand-maître
de l'ordre, se constitua, de l'assentiment de ses
disciples, une rente viagère de cinq mille francs
avec les capitaux qui se trouvèrent sans emploi
dans le journal. Ne faut-il pas que tout le monde
vive !

Avec la *Démocratie pacifique* s'accrut singu-
lièrement l'influence du successeur de Fourier ; la

secte accomplit des progrès rapides, et les nouveaux adeptes firent affluer l'argent dans les caisses du phalanstère qui s'ouvraient devant chaque recette avec une avidité toujours croissante. Un bulletin que m'a communiqué une pauvre dupe désillusionnée aujourd'hui, après avoir été échaudée jadis, porte à *quinze cent mille francs* le nombre des sommes englouties par les compères de la *Démocratie pacifique* jusqu'au moment de sa chute ; ce sont les chiffres officiels. Le chapitre des recettes et dépenses restées secrètes nous échappe.

En ce temps-là, M. Considérant n'était pas républicain ; pour se mettre en bonne odeur sans doute auprès du pouvoir, il faisait à cette idée une guerre impitoyable. Il publia à ce sujet un livre très-curieux, intitulé *Débâcle sociale,* dans lequel, après avoir prouvé que la république est une chose *absurde, impossible,* que tout homme intelligent doit combattre, il applique aux républicains les qualifications de REQUINS et de VOLEURS qui composent l'épigraphe de cette notice. — Si jeunesse savait ! — Aussi M. Considérant était-il nommé, par la bourgeoisie, membre du conseil général de la Seine.

Cependant les chefs du *phalanstérisme* réclamèrent de tous leurs efforts, la réalisation pratique du système de Fourier. Le temps était propice, l'argent abondait, les âmes crédules, se présentaient chaque jour plus nombreuses. On se décida à plusieurs essais.

L'un des plus importants eut lieu en Bourgogne, à Cîteaux, dans les bâtiments et sur les terres de l'ancienne abbaye de ce nom.

Un anglais, Arthur Yung, avait voulu diriger cette entreprise, dont il supportait les frais. En huit mois, il avait dépensé *huit cent mille francs;* la propriété était vendue aux enchères pour désintéresser les créanciers, et la colonie se dispersait, laissant le pauvre Yung se tirer à son aise de ce mauvais pas.

Aucune autre tentative ne produisit de meilleurs résultats; toutes finirent de la sorte, et plusieurs se dénouèrent devant les tribunaux.

On ne se décourageait cependant pas à Paris, et les prédications allaient toujours leur train. — Les simples veulent être trompés!

Au moment de la splendeur de son journal, M. Considérant épousa mademoiselle Clarisse Vigoureux, fille de Mme Vigoureux, bas-bleu fouriériste. La jeune femme était sans fortune; son mari inventa pour la doter un singulier moyen.

M. Considérant, originaire de Salins, comme nous l'avons dit, possédait dans cette ville un vieil oncle fort à son aise qui, ne comprenant rien à la conduite de son neveu ni à son genre de vie, l'avait tout simplement déshérité au profit de nombreux collatéraux. Le grand phalansté-

rien en était averti ; il savait en outre que le bonhomme nourrissait une maladie incurable, et
qu'il baissait de jour en jour.

Un beau matin, M. Considérant partit pour
Salins ; il avait fait précéder son arrivée du bruit
d'une ruine complète. Il descendit chez un de
ses cousins, et là, avouant à ce dernier qu'il
était à bout de ressources, il lui confia que sa
femme était réduite, pour vivre, à exercer une
profession manuelle, et le pria de vouloir bien
se charger d'elle pendant le temps nécessaire à
son apprentissage. Quant à lui, disait-il, il cher-
cherait un emploi, tel modeste qu'il fût; infortune pour infortune, il préférait la subir dans
son pays natal plutôt que de se montrer dans une
condition malheureuse à Paris, où il avait brillé.

Le cousin, contre l'ordinaire des parents, se
montra dévoué ; il offrit aux deux époux sa
maison, et, quelques jours après, madame Considérant entra, comme *ouvrière,* dans un atelier de
graveurs sur montres. — Si un parent du successeur de Fourier ne s'était fait un plaisir, sachant que nous écrivions sa biographie, de nous
communiquer ce détail dont il nous a donné les
preuves, nous ne l'eussions jamais pu croire.

Considérant prétexta des voyages au compte
d'une maison de commerce pour faire de temps
en temps des apparitions au milieu de son église.

Cela dura cinq mois; l'oncle avait su par des

âmes charitables les désastres de ce neveu qu'il avait proscrit, et qui n'osait reparaître en sa présence. Un tel courage, une résignation semblable dans le malheur de la part de sa jeune nièce, le frappèrent surtout vivement. Une nuit il mourut, lui laissant par un testament en bonne forme toute sa fortune.

Le vieillard avait chanté.

La farce jouée, M. Considérant réalisa le legs de sa femme, et tous deux retournèrent à Paris.

Peu après cette histoire, la révolution de 1848 arriva. Considérant vit dans l'agitation où les esprits se trouvèrent précipités, un moment favorable pour la propagation de ses doctrines. Aussi se lança-t-il dans le mouvement. La *Démocratie pacifique* qui, jusque-là, avait été l'organe exclusif d'une théorie abstraite, devint l'une des feuilles révolutionnaires les plus exaltées. Le même homme qui, sous la monarchie, répudiait par ses ouvrages toute affinité avec les républicains, se montra l'un des plus fougueux clubistes, et voulut persuader aux masses que la formule phalanstérienne était la république dans toute sa perfection. Il réussit à séduire quelques enthousiastes. Enfin, abandonnant son rôle exclusif de chef de secte, Considérant entra dans la carrière politique, par son élection de représentant à l'Assemblée constituante.

Nous n'entrerons pas dans tous les actes publics

du *citoyen* Considérant, après cette époque ; le détail en serait trop long. Nous nous contenterons de signaler les tentatives infructueuses du grand-prêtre du phalanstère pour convertir à sa foi toute l'Assemblée nationale. La tribune servait de chaire à cet apôtre ambitieux ; mais ses discours obtinrent peu de succès. Une première fois, sommé d'expliquer clairement sa doctrine, de dire positivement en quoi elle consistait, quelles étaient ses bases, quels résultats certains elle pouvait donner, débarrassée de tout le fatras de paroles, de toutes les excentricités fastidieuses dont il l'entourait pour le vulgaire ; sommé de mettre l'*idée* à nu, le disciple de Fourier réclama *toute une nuit* pour accomplir cette tâche. — Peut-être voulait-il lire les œuvres de son maître, et les commenter, pour la plus grande édification de ses collègues. — La proposition croula sous les rires de l'Assemblée.

A une autre époque, il sollicita du gouvernement la forêt de Saint-Germain et le château, pour y établir un phalanstère-modèle, offrant, en cas d'insuccès, de se rendre à Charenton. On lui répondit qu'il y avait déjà bien assez de fous à traiter.

Les prédications incendiaires de la *Démocratie pacifique* contribuèrent pour beaucoup aux sanglantes journées de juin. M. Considérant vit froidement s'engager la lutte ; — peut-être une part lui était-elle réservée dans un triomphe destructeur de la société. On jugera de ses sentiments par le trait que nous allons citer.

Paris était dans le feu et dans le sang ; le combat durait depuis deux jours ; les esprits étaient terrifiés. Plusieurs personnes, réunies dans les bureaux du journal, s'entretenaient avec Considérant de ces événements déplorables ; c'était des adeptes, pour la plupart. L'anxiété se lisait sur tous les visages ; seul, Considérant paraissait indifférent et froid. On entendait le canon gronder, la fusillade retentir.

— « N'est-ce pas affreux, s'écria l'un des assistants, de songer que des êtres humains, à propos d'idées chimériques, s'égorgent avec une telle fureur. Cette pensée ne vous émeut-elle donc pas ? »

— « Vous ne serez jamais qu'un enfant, répondit Considérant ; ne connaissez-vous point la théorie de l'attraction passionnelle ? C'est son application pure et simple ; — Ce sont deux passions opposées qui s'entrechoquent ; quoi de plus simple ?... »

L'opinion publique fit justice de toutes ces sectes qui, prétendant substituer à notre civilisation florissante des formes de société nouvelle, au profit de quelques ambitieux, nous plongeaient dans un abîme de calamités. Une réaction s'opéra chez tous les gens sensés. Les hommes d'ordre se reconnurent et se rallièrent. Le sang de juin avait dessillé tous les yeux, déchiré le voile qui obscurcissait les intelligences.

Comme les doctrines, ses sœurs, le socialisme phalanstérien s'éteignit sous l'indifférence. Quelques fidèles demeurèrent bien, attachés quand même; mais les prosélytes se retirèrent entièrement. La caisse se vida.

L'industrie de Considérant soutint quelque temps encore l'entreprise. Grâce à son journal, à son affiliation aux membres de la *Montagne*, le chef des Fouriéristes fut élu de nouveau à l'Assemblée législative. Son séjour y fut de courte durée. L'un des principaux conspirateurs du 13 juin, Considérant se réfugia à Londres pour éviter une juste condamnation; depuis, il est banni par contumace. Privé de son pilier fondamental, la *Démocratie pacifique* ne bat plus que d'une aile; elle agonise depuis longtemps, et ses rares abonnés auront bientôt la douleur de l'enterrer tout à fait.

Que ses dupes lui soient légères ! ! .....

Quant à Victor Considérant, il fait chorus à Londres, avec les *frères et amis* du citoyen Vasistas. Associé aux *requins* et aux *voleurs* qu'il dénonçait jadis, il ne peut se consoler de n'avoir pas fourré la main dans le sac du gouvernement provisoire.

Émile de Girardin.

Question.

Qu'est donc que M. de Girardin ? Est-ce un évolutionnaire sans le savoir, ou le plus roué des contre-révolutionnaires.

PROUDHON.

Réponse.

Dix ans de journalisme ne valent pas dix heures de pouvoir.

E. DE GIRARDIN.

Est-il permis de prendre au sérieux le caractère du rédacteur en chef de la *Presse ?*

Cette question me semble assez délicate.

Je n'ai jamais eu l'occasion de visiter l'homme étrange dont je vais tracer la silhouette politique. Je ne saurais appliquer à sa physionomie les principes de Lavater ni la théorie du docteur Gall. Je ne possède sur lui d'autres renseignements que ses propres écrits. Mais Buffon disait, avec raison, que « *le style c'est l'homme,* » et, par sa frappante vérité, ce mot est devenu proverbe. Tant pis pour M. de Girardin, si sa plume le dévisage. La mienne est pure de tout fiel.

M. Emile de Girardin écrivait dans son journal, le 8 avril 1850 :

« Je ne suis pas devenu *socialiste* : JÉ L'AI TOUJOURS ÉTÉ. On peut remonter *aussi haut que l'on voudra* dans ma vie d'écrivain, si haut que l'on remonte, ON EN TROUVERA LA PREUVE. »

J'ai curieusement, mais en vain, cherché cette *preuve* dans toute la vie de l'écrivain. En revanche, j'ai trouvé une collection de DÉMENTIS. Passons-es en revue : quand nous serons à DIX, nous ferons une croix.

1ʳ Démenti

donné à M. de Girardin par lui-même :

« La république est *la plus triste* et *la plus sanglante alternative* qui se puisse imaginer. »
(E. DE GIRARDIN).

2ᵉ Démenti.

« Toutes les *sectes* qui, depuis onze ans, ont successivement prêché parmi nous *le renversement de l'ordre* au profit d'on ne sait quelle organisation nouvelle, saint-simoniens, phalanstériens, communistes ; toutes les sectes qui ont pris, dans ces derniers temps, *de formidables développements*, ne s'attaquaient-elles pas à la société elle-même ? LES PLUS GRANDS ENNEMIS DU PEUPLE SONT CEUX même précisément qui se font LES APÔTRES D'UN PROGRÈS IMPOSSIBLE, et qui poussent les masses à la recherche d'un bien-être *imaginaire*, les remplissent d'illusions *décevantes*, détruisent pour elles le bien présent et ruinent les espérances de l'avenir. »   (E. DE GIRARDIN).

3ᵉ Démenti.

« Nous pourrions demander au *National,* monté en croupe derrière la *Démocratie Pacifique,* d'abord, qu'entendez-vous par RÉFORME SOCIALE ? Est-ce que Robert-Peel, à qui les classes ouvrières de la Grande-Bretagne doivent l'abaissement du prix du pain et de tous les objets d première nécessité, a changé les lois politiques de son pays et *les bases de la société ?...* Vous demandez une réforme *impossible* à obtenir. »
      (E. DE GIRARDIN.)

4ᵉ Démenti.

« Nous NE SOMMES PAS AVEC LES SOCIALISTES. »
      (E. DE GIRARDIN.)

5ᵉ Démenti.

« La question de *réforme sociale* est sinon une question jugée, du moins une question gravement compromise par les décrets relatifs au travail, datés de l'Hôtel de Ville, et par les discours tenus à la commission du Luxembourg. L'*atelier social,* qui traite *d'utopie* le phalanstère, doit bien regretter aujourd'hui d'avoir eu l'honneur de la priorité, car c'est le phalanstère qui a le droit désormais de traiter d'utopie l'*atelier social.* »   (E. DE GIRARDIN.)

6ᵉ Démenti.

« *Tout pour le peuple*, TOUT PAR LUI, c'est une erreur funeste, que des aveugles, des ignorants, des LACHES, ou des TRAÎTRES peuvent seuls ériger en système. Le peuple sait renverser, il ne sait pas fonder. »   (E. DE GIRARDIN.)

7ᵉ Démenti.

« Ne me demandez pas si je suis *républicain*, JE N'EN SAIS RIEN. »   (E. DE GIRARDIN.)

8ᵉ Démenti.

« Il y a une foule de gens qui ne sont de l'opposition que par *mécompte*, par *désappointement*, par une *ambition* qui aspire à se satisfaire aux dépens de qui de droit. Quelques-uns, dans l'impétuosité de leur ressentiment, se sont jetés d'un seul bond *jusque dans les clubs de la réblique*. »   (E. DE GIRARDIN.)

9ᵉ Démenti.

« Dictateurs improvisés, présomptueux de la veille, impuissants du lendemain, nourrissons du *National* et de la *Réforme*, dont le sevrage a coûté plus cher à la France que les deux invasions de 1814 et de 1815, vous êtes bien heureux que je n'ai entre les doigts que la plume du journaliste. »   (E. DE GIRARDIN.)

10ᵉ Démenti.

« Si   le général Cavaignac était nommé président de la république, il faudrait arracher du Panthéon Voltaire et Rousseau, pour y mettre Alibaud et Fieschi, et changer l'inscription en celle-ci :

« Aux assassins la patrie reconnaissante. »

(E. de Girardin.)

Est-ce clair?.... Est-ce assez?....

Je demande très-humblement pardon au représentant rouge du Bas-Rhin de le tenir sur la sellette en face des palinodies de sa pensée. Je vais rechercher par quel enchaînement de nécessités il a pu se trouver réduit à se faire socialiste.

M. Émile *** est né au commencement du siècle. Je suis de trop bonne compagnie pour ajouter une flèche à toutes celles que la malignité de ses adversaires a décochées sur son berceau. Si, racontant lui-même, en 1828, l'infortune de ses premières années, il a bien voulu nous confier que, « *fils adultère, il avait été jeté dans la vie, sans nom, sans soutien, sans affection ;* » c'est une douleur fort légitime, que je respecte infiniment, et dont il eût mieux fait de ne point régaler le public.

Il nous importe peu de rechercher par quels moyens M. Émile *** s'appropria le nom de Girardin. Il y a, sans doute, des propriétés dont l'origine est plus mystérieuse que celle-là.

Quoi qu'il en soit, M. Émile de Girardin se dit de bonne heure que la *fortune* était la *religion* du jour, l'*égoïsme*, l'esprit du siècle ; et que, pour sortir de l'*obscurité*, il lui fallait «*gratter la terre avec ses ongles,* mais la gratter jusqu'à ce qu'il eût *arraché* une *mine* de ses entrailles. » La littérature était alors la terre promise des êtres délaissés ou incompris par une société marâtre. M. de Girardin se fit homme de lettres, et créa le *Voleur.* Ce début réussit. En 1829, le *Voleur* fut suivi de la *Mode :* second succès.

La révolution de juillet arriva. M. de Girardin, dont S. A. R. madame la duchesse de Berry avait bien voulu patroner la seconde entreprise littéraire, s'empressa de manifester sa gratitude en combattant contre sa bienfaitrice. On assure qu'il se fit aide de camp de Lafayette, et que le maréchal Gérard demanda pour lui la croix d'honneur.

En changeant de drapeau, M. de Girardin ne changeait point de nature. C'était toujours l'homme persévérant à gratter la terre, jusqu'à ce qu'il eût arraché une mine de ses entrailles. Sentant le besoin d'étendre ses relations, pour se faire mieux connaître, et pour élargir la sphère de ses projets de fortune, il prit un *bas-bleu* pour jalon d'avenir. Mlle Delphine Gay, que Paris avait baptisée du nom de dixième Muse, tenait bureau d'esprit à l'usage d'un certain monde. Son salon était peuplé de lionceaux, qu'affriandait sa lyre, et de lions devenus vieux, qui se battaient les flancs de leur queue, aux pieds de la chaste Diane. Émile ne possédait encore qu'une mèche de cheveux tombante ; la fameuse mèche que vous savez. Mais elle allait si bien à son front pensif !...

Phœbé s'enamoura d'Endymion, et M. le maire légitima sa flamme mythologique.

Une fois grimpé sur les échasses d'un hymen qui fit un certain bruit, M. de Girardin s'avança résolument dans les Landes industrielles. Il fonda le *Journal des connaissances utiles*. Ce fut le pot au feu de sa fortune. Le *Musée des familles* lui donna du rôti. Mais l'indigestion vint s'asseoir au banquet dans la personne de M. Auguste Cleeman, gérant de la chose, et qui la géra si bien, que la justice arriva, comme l'ombre de Banco, sans être invitée.

Nous ne parlerons pas de l'*Institut agricole de Coëtbo*, ni du *Journal des Instituteurs primaires*, ni de l'*Atlas de la France*, ni du *Physionotype*, ni du *Panthéon littéraire*. Toutes ces entreprises remplissaient l'escarcelle de M. de Girardin : c'était le point important. Elles le rendirent éligible, et un beau jour, en juin 1834, Bourganeuf le nomma député. A cette époque, aussi bien qu'aujourd'hui, le public français se composait de badauds faciles à allécher. M. de Girardin inventa, en 1836, la *Presse* à 40 fr. par an. Les autres journaux, gravement compromis dans leur prospérité financière par ce coup de Jarnac, s'insurgèrent contre le nouveau journal, et s'attaquèrent corps à corps à la probité de son fondateur. M. Capo de Feuillide l'accusa de *jouer à la faillite*. M. de Girardin répondit à M. Capo de Feuillide en accusant Armand Carrel de *déloyauté*. Carrel voulut se battre. « Ma foi, Monsieur, lui dit M. de Girardin, une rencontre avec vous me paraîtrait une *bonne fortune*. » En effet, il tua Carrel, et ce coup de pistolet fit grand bruit. M. de Girardin, satisfait, dédaigna M. Capo de Feuillide.

En 1837, il eut à lutter contre les accusations de M. Isambert, qui reprochait au ministère de l'instruction publique d'avoir accordé au rédacteur en chef de la *Presse ministérielle* un cadeau de 200,000 fr., sous le prétexte d'appuyer la publication du *Panthéon littéraire*.

L'année suivante, le 23 mars, il alla s'asseoir sur la sellette de la 6ᵉ chambre de police correctionnelle, sous le coup d'une plainte en escroquerie, lancée contre MM. de Girardin, Boutmy et Cleeman, par M. Dutertre-Dana, l'un des actionnaires du *Musée des familles*. Le tribunal acquitta les prévenus, en leur reprochant toutefois le tort grave de fournir « un *xtrait inexact* de l'acte de société, dont l'article 9 *surtout* avait été *altéré*. »

L'affaire ultra-scandaleuse des mines de Saint-

Bérain, qui survint peu de mois après, porta un coup encore plus funeste à la réputation de M. de Girardin. M. Cleeman, son associé, fut seul condamné par la Cour royale ; mais M. de Girardin ne fut pas absous par l'opinion publique. « Combiner des infamies lucratives, écrivit à ce propos M. Louis Blanc, cela s'appelait *avoir des idées*. On mit en actions des mines *imaginaires*. Des aventuriers sans pudeur se firent payer, par la crédulité des actionnaires, des apports chimériques ou honteusement exagérés. »

M. de Girardin courba le front.

En 1839, il fut réélu par son bourg-pourri de Bourganeuf ; mais son élection fut cassée, faute de pièces constatant suffisamment sa naissance et sa qualité de Français. M. de Girardin se vengea en déchaînant la *Presse* contre le ministère.

Un jour, le 16 octobre 1840, à la suite d'un attentat contre le roi, M. de Girardin attaqua M. Thiers, qu'il accusait de complicité morale, et le journal le *Siècle* qui comptait l'anarchiste Bergeron parmi ses rédacteurs. M. Thiers laissa tomber la flèche, mais Bergeron souffletta M. de Girardin dans une loge de l'Opéra. Bergeron était un lâche, car M. de Girardin était accompagné de sa femme, et cela équivalait à le frapper par derrière. Il y eut procès : Bergeron fut condamné à trois ans de prison. C'était justice.

M. E. de Girardin fut dès lors en hostilité ouverte avec le parti républicain.

Février 1848 arriva. Le rédacteur en chef de la *Presse*, en homme habile, sentit la nécessité de se mettre à l'abri des rancunes de la coterie vicrieuse. Il courut à Saint-Mandé, le 2 mars, et fit amende honorable sur la tombe de Carrel. Armand-Marrast s'empressa d'accepter cette expiation; il avait assez de boue sur le cœur pour ne pas risquer un duel contre la plume de la *Presse*. M. de Girardin se crut au pinacle; il offrit au gouvernement provisoire sa collaboration, elle fut refusée. Dès lors, le grand homme d'État méconnu déclara la guerre à la république, avec une verdeur qui l'honorerait, si cette guerre avait été entreprise avec désintéressement, non avec le fiel d'une ambition mal digérée. »

« Je n'ai jamais cru aux républicains de la veille, s'écriait M. de Girardin, le 22 mai; ils n'ont ni la prudence qui retient, ni l'audace qui réussit.

Le 4 juin, il écrivait cette proclamation aux électeurs de la Seine : « Voici ma profession de foi; elle ne sera pas longue : *Je ne suis pas républicain de la veille.* »

Il est vrai que le 8 avril 1850, le même Girardin, pressé par un nouveau besoin de candidature, écrivait : « *Je ne suis pas devenu socialiste, je l'ai toujours été.* » Mais il me faudrait un trop gros volume pour enregistrer toutes les palinodies, toutes les tartuferies, toutes les intrigues de ce grand caméléon. Je renonce à cette tâche, après en avoir donné un second et incroyable exemple :

<table>
<tr><td>10 juin 1848.</td><td>8 décembre 1848.</td></tr>
<tr><td>« Le général Cavaignac n'est pas orateur, mais il y a dans ce qu'il dit une netteté, une franchise et une fermeté qui annoncent un homme comprenant également les droits que lui donne le Pouvoir, et les devoirs qu'il lui impose ; un homme qui n'est pas plus disposé à oublier les uns qu'à empiéter sur les autres. »

E. DE GIRARDIN.</td><td>« Si le général Cavaignac était nommé président de la république, il faudrait arracher du Panthéon Voltaire et Rousseau, pour y mettre Alibaud et Fieschi, et changer l'inscription du fronton en celle-ci :

« AUX ASSASSINS LA PATRIE RECONNAISSANTE. »

E. DE GIRARDIN.

« Si la commission exécutive avait eu la moindre énergie, elle eût dû faire fusiller le général Cavaignac. »

E. DE GIRARDIN.</td></tr>
</table>

M. de Girardin, qui avait écrit de Louis Bonaparte, c'est l'AVENIR, comptait sans doute sur les produits de cette phrase. Comme, après le 10 décembre, l'AVENIR ne lui octroyait ni *Préfecture de police*, ni *Direction générale des Postes*, ni *ambassade de Naples*, il envoya le 14, à M. Louis Bonaparte, une sommation discrète qui resta sans réponse.

Cette pièce curieuse proposait de nommer le prince de Joinville, président du conseil d'amirauté ; le duc d'Aumale, gouverneur général de l'Algérie ; on écrirait en même temps à M. le comte de Chambord, et à Louis-Philippe, pour les inviter à se rendre à un banquet de réconci-

liation offert par le président de la république.
Ensuite M. de Girardin serait le Richelieu du
gouvernement. La vente des journaux et des im-
primés sur la voie publique serait interdite *sans
exception* et sous aucune forme. La défense d'af-
ficher sur les murs serait absolue ; et l'*ère des
révolutions serait à jamais fermée.*

M. Louis Bonaparte trouva que M. de Girardin
n'était qu'un charlatan, et le lui fit bien voir.

Alors M. de Girardin tailla sa plume et écrivit,
toute une année, à tort et à travers, jusqu'à ce dé-
bordement de bile qui date du 3 janvier 1850.
« Nous demandons à M. Louis Bonaparte, du
droit que nous a donné l'*énergique* et décisif
concours que nous avons prêté à sa candidature,
alors qu'elle n'excitait encore que le dédain,
nous lui demandons : — Qu'avez-vous fait depuis
votre élection, de l'immense pouvoir que vous
teniez de cinq millions et demi de suffrages ?... »

Et comme M. Louis Bonaparte n'avait pas
voulu être l'homme de paille de M. de Girardin,
l'illustre journaliste se fit *socialiste*, pour être au
moins quelque chose. Il se déclara révolutionnaire par tempérament, et se prosterna dans la
boue devant le conclave rouge qui grouillait rue
Saint-Spire, au fond de l'impasse de la *Grosse-
Tête.* Rebuté une première fois, bafoué et sur-
mené par les démo-crapules de Paris, il ne se tint
pas pour battu. Les sans-culottes, désarmés par

son abaissement, l'ont porté sur la Montagne.

Un mot, maintenant, sur les principaux rédacteurs socialistes de la *Presse*. Ces éminents citoyens ont presque tous été des conservateurs soit orléanistes, soit légitimistes, comme MM. Émile de Girardin, Pérodaud, Arthur de Laguéronnière. Les variations de M. Emile de Girardin sont trop connues pour être rappelées. Elles ont été fidèlement pratiquées par son fidèle collaborateur, M. Pérodaud. M. Arthur de Laguéronnière, après avoir consacré son talent à la défense de la légitimité, s'est laissé tour à tour séduire et entraîner par M. de Lamartine dans le *Bien public*, par M. de Larochejacquelein dans l'*Ere nouvelle*, et enfin, par M. Emile de Girardin, dans la transformation *socialiste* de la *Presse*.

Ce journal, qui se montre si hostile contre la religion, présente cette particularité qu'il est rédigé par trois prêtres, dont l'un est un ex-père jésuite, et l'autre, un ex-missionnaire. Ces trois prêtres sont les abbés Moigno, Anatole Leray, Calléry. L'abbé Moigno a fait longtemps partie de la compagnie de Jésus ; il est rentré dans le clergé séculier, et est devenu rédacteur de la *Presse*, où il rend compte des travaux scientifiques. L'abbé Anatole Leray s'est fait d'abord connaître par la traduction de l'oraison funèbre d'O'Connell, œuvre célèbre du R. P. Ventura. Associé à toutes les opinions révolutionnaires manifestées par ce religieux en Italie, l'abbé Anatole Leray n'a pas imité le repentir et la soumission de son illustre maître. Vous pouvez lire dans la *Presse* des articles signés par M. Leray, et dont les exagérations socialistes sont dignes d'un disciple fanatique de Proudhon. M. l'abbé Calléry a fait partie de la congrégation des prêtres des missions étrangères ; il a été missionnaire en Chine. Aujourd'hui M. l'abbé Calléry a embrassé la vie laïque, et est devenu collaborateur de MM. Emile de Girardin et Eugène Pelletan. MM. les abbés Moigno, Anatole Leray, Calléry, ne signent jamais dans la *Presse* avec leur qualité d'*ecclésiastiques*. J'imagine que c'est afin de ne pas trop faire contraster ce titre avec les attaques violentes de ce journal contre la religion.

Pour en finir avec M. de Girardin, je me bornerai à publier un passage d'une lettre qui lui fut adressée par M. F. Bérard, représentant de Lot-et-Garonne, et que M. de Girardin se garde bien de montrer aux gens.

« Comment, Monsieur, lui écrit M. Bérard, l'orgie du 15 mai, la licence effrénée des clubs, la terrible insurrection de juin, la guerre sociale allumée partout, ont pu faire un *républicain exalté* de vous qui, sous la monarchie, arriviez à la chambre *par les faveurs des ministres*, faisiez *décorer* tous vos amis, donniez des *re-*

cettes générales, des fauteuils de *pair de France* et le reste?....

« Tenez, M. de Girardin, *et c'est tout dire que de vous nommer*, on dit que vous avez du *talent*, quelquefois des *idées ;* je suis loin de le nier. Mais ne niez pas qu'il y a aussi des APOSTATS, des CHARLATANS et des TARTUFFES. »

Le dernier mot de tout cela, c'est que M. de Girardin s'est roulé dans tous les partis, par désespoir d'ambition trompée. Mais il a beau les déserter l'un après l'autre, son horoscope ressemble à l'épitaphe de Piron, qui ne fut jamais rien, pas même académicien.   *De profundis*.....

Vous êtes priés d'assister au convoi funèbre des espérances politiques de M. Emile de Girardin. Les coins d'un numéro de la *Presse* seront tenus par un ancien actionnaire des mines de Saint-Bérain, un électeur de Bourganeuf, un ancien actionnaire du *Musée des familles*, et le doyen du comité *démoc-soc* du département de la Seine.

M. Victor Hugo conduira le deuil de cet *événement*.

Il y aura des discours prononcés par les citoyens Miot, Richardet, Colfavru, dit le *Père Duchène*, représentants sans-culottes.

Les larmes seront versés par Armand Marrast, gouvernant dégommé.

Une quête sera faite, au profit des socialistes nécessiteux, par M. Auguste Cleeman.

Le général Eugène Cavaignac.

Mon père, citoyen vertueux, martyr de la
liberté, siégeait à la Convention. Je suis fier
d'être le fils d'un tel homme.

Le général E. CAVAIGNAC.

L'honorable général, auquel j'emprunte les
paroles qui servent d'épigraphe à ce chapitre, est
d'un rouge *écarlate* par ses traditions de famille,
mais *assombri* depuis sa chute du pouvoir.

M. Émile de Girardin, à qui le *dictateur*
de 1848 avait infligé quelques jours de salle de
police, pour corriger ses articles un peu trop
verts, s'en vengea deux fois cruellement : d'a-
bord, en affichant dans son journal, en grosses
lettres, pendant trois mois et plus, la déclaration,
solennellement terroriste, lancée par le général
républicain au visage de ses ennemis ; — ensuite,
en publiant, le 8 décembre suivant, cette tran-
chante apostrophe :

« Si le général Cavaignac était nommé président de la république, il faudrait arracher du
Panthéon Voltaire et Rousseau, pour y mettre
Alibaud et Fieschi, et changer l'inscription du
fronton en celle-ci :

« AUX ASSASSINS LA PATRIE RECONNAISSANTE ! »

Il est vrai qu'aujourd'hui M. de Girardin, devenu représentant *rouge*, fraternise avec M. Cavaignac, est-ce bien sans rancune?... l'avenir nous l'apprendra.

En attendant, puisque le général s'est peint *lui-même*, en se proclamant *heureux* et *fier* d'être le fils du célèbre et *vertueux* conventionnel dont il porte le nom, puisqu'il compte comme une gloire son héritage positif, je vais ouvrir, devant mes lecteurs, l'inventaire de cet héritage :

Le premier acte de *vertu* civique de son père, représentant du Lot et membre du club des Jacobins, fut de voter la mort de l'infortuné Louis XVI, sans appel au peuple ni sursis.

Une infernale solidarité liait dès lors tous les héros de l'Apocalypse révolutionnaire. Le 27 mars 1793, la Convention déclara *hors la loi* tous les *aristocrates*, ennemis du *régicide*, et ordonna la mise en activité immédiate du tribunal de sang qui devait fonder le règne du Sans-Culotisme sur *un million trente-deux mille cinq cent quatre-vingt-cinq* cadavres, dont les bourreaux, au nombre de *cinq cent quarante-trois mille*, divisés en *cinquante mille* comités, *travaillaient* à raison de trois francs par jour. Un autre décret accorda aux manipulateur de la guillotine, indépendamment de leur salaire annuel, une indemnité de 1,600 livres pour réparations d'échafaud ; et au bourreau de Paris

4,000 livres pour chaque aide, outre une haute paie de 3,000 livres, pendant la durée du *gouvernement révolutionnaire*. Les ressorts ainsi graissés, le mouvement de la machine commença, sous la direction des *ingénieurs* conventionnels.

Le 10 mai 1793, M. Cavaignac père fut envoyé en mission à Brest, pour y remplacer son collègue Alquier, dont l'énergie mollissait. Le 21 juin, il rendit compte à l'Assemblée de l'effet qu'avait produit en Bretagne la journée du 31 mai, et la proscription des 22 Girondins. Il avait alors, pour collègues, Merlin (de Thionville) et Gillet. De retour à Brest, le 2 septembre, avec trois nouveaux collègues, Turreau, Ruelle et Méaulle, il annonçait des succès obtenus sur les Vendéens. Sa dépêche se terminait ainsi : — « Nous exécutons *à la lettre* votre décret. *Ce grand acte de sévérité nationale* jette dans l'âme des rebelles une salutaire terreur. *Des monceaux de cendres, la famine et la mort s'offrent de tous côtés à leurs regards.* Salut et fraternité. » Signé : Cavaignac (1).

Qu'était-ce donc que ces *rebelles*, voués à toutes les horreurs de l'extermination par le *vertueux* Cavaignac père ?.....

Tandis que la France, sous le nom de *république*, était livrée à des hordes de brigands, les

_____

(1) *Moniteur* du 8 septembre 1793.

uns créateurs, les autres exécuteurs des lois de la plus sanglante tyrannie ; tandis qu'au nom de la *liberté*, de l'*égalité* et de la *fraternité*, notre malheureuse patrie voyait son territoire se couvrir de cachots d'où les victimes, de tout sexe et de tout âge, ne sortaient que pour être traînées par charretées à l'échafaud ; au milieu de cet effroyable chaos qui s'appela le siècle des lumières, la Bretagne et la Vendée, qui osaient seules lutter encore contre l'invasion de la Terreur, furent le théâtre où quarante-trois proconsuls conventionnels, investis de pouvoirs *illimités*, se disputèrent, tour à tour, en moins de deux ans, le privilége de flétrir le nom français par des drames de cannibales. C'est là qu'ils appliquèrent successivement ce fameux décret du 10 mars, qui déclarait l'indulgence *atroce*, et la clémence *parricide*, qui tuait un homme sur un *soupçon*, et refusait à ses victimes jusqu'au simulacre d'une défense inutile.

« Témoin et acteur de la guerre sans nom qui règne entre les *républicains* et les français *royalistes*, » écrivait à Robespierre M. Bouveray, capitaine au régiment de la Haute-Saône, « mon cœur se soulève d'horreur. Aussitôt que notre armée est entrée dans l'Ouest, chaque soldat a, dès lors, *mis à mort* qui il lui a plu, *pillé* qui il a voulu, sous prétexte que celui qu'il tuait ou pillait était rebelle ou fauteur de rebelles, ou même pensait *royalistement*. Aucune peine n'a été portée, aucune précaution n'a été prise pour réprimer ou *modérer* l'ardeur du sang et du pillage. Oui, *vertueux législateur*, il est vrai de le dire, la vie et les biens du meilleur citoyen se trouvèrent *à la merci* de 25,000 hommes, entre lesquels il y avait un grand nombre de *scélérats*. Oui, *chaque individu* d'une armée entière put, *à son gré*, porter et exécuter des sentences de *mort* et de *confiscation*. Malgré les dispositions de la loi du 31 juillet, qui excepte de la peine de mort les femmes, les enfants et les vieillards, on a vu la commission militaire envoyer au supplice des enfants de DOUZE ans (1). »

Messieurs les *rouges* de nos jours, y compris le général Cavaignac, pourraient-ils récuser le témoignage d'un homme qui applique à Robespierre le titre de *vertueux* législateur ?......

L'hécatombe élevée dans l'Ouest au pied de l'idole républicaine, se compose, d'après l'inventaire *patriotique* du Sans-Culotte Prudhomme, de

ci-devant nobles	2,678.
prêtres	1,895.
citoyens de toute condition	918,933.
femmes	22,069.
enfants des deux sexes	24,003.

Or, en ce temps-là, le *vertueux* Cavaignac père

____

(1) *Rapport* de Courtois, p. 230.

présidait, avec son digne collègue, Pinet aîné, représentant de la Dordogne, à de larges épisodes de ce *grand acte de sévérité nationale* (style Cavaignaquiste).

Ils élevèrent, pour leur part, tant de *monceaux de cendres*, et promenèrent avec tant de succès la *famine* et la *mort* dans nos départements de l'Ouest, qu'à leur retour, le Comité de Salut public, enchanté de leur *besogne*, les chargea d'une nouvelle mission dans les départements des Landes, du Gers, des Hautes et des Basses-Pyrénées.

Par décret du 17 vendémiaire an II, M. Cavaignac père se rendit dans ces départements pour procéder à une levée extraordinaire de chevaux. Dès le 3 frimaire, il écrivait d'Auch (Gers), à ses patrons : « La levée extraordinaire des chevaux s'opère avec activité. Je fais construire des niches dans les églises : la République aura là de superbes écuries..... — Notre collègue Dartigoyte, a électrisé tous les esprits et entraîné tous les cœurs par ses *prédications civiques.* Je l'avais secondé de tous mes moyens dans cet *apostolat philosophique.* Le dernier jour de la troisième décade fut fixé pour célébrer à Auch la fête de la déesse Raison. Ce jour solennel arrive ; le peuple entier s'assemble sur un boulevard champêtre, et là, dans un banquet fraternel, il fait éclater les premiers transports de sa joie. Après ce *repas la-*

çédémonien, il parcourt l'enceinte de la ville, arrache et foule aux pieds tous les signes fanatiques qu'il rencontre. De retour sur la place de la *Liberté*, il s'assemble autour d'un bûcher couvert de titres féodaux, et se fait amener, dans un tombereau, deux *Vierges à miracles* de ce pays, les croix principales et les images de saints qui, naguère, recevaient l'encens des superstitieux. Alors *l'enthousiasme civique éclate* : le bûcher est allumé, et ces *ridicules idoles* y sont précipitées, aux acclamations d'une foule innombrable. La *Carmagnole* dura *toute la nuit* autour du brasier *philosophique* qui consumait à la fois tant d'erreurs. » Signé : CAVAIGNAC (1).

Il est bon de noter que ce Dartigoyte, représentant des Landes, dont M. Cavaignac père raconte les *prédications civiques* avec un attendrissement de crocodile, écrivait, le 13 septembre 1793, à la Convention : — « Je m'occupe sans relâche de renouveler les autorités constituées, qui étaient infectées d'aristocratie et de modérantisme. J'AI MIS LA TERREUR A L'ORDRE DU JOUR : cela a produit le meilleur effet. Les aristocrates tremblent, toutes les personnes *suspectes* sont arrêtées (2). »

En vérité, lecteur, le *vertueux citoyen* Cavaignac père, l'admirateur du terroriste Dartigoyte

____

(1) *Moniteur* du 17 frimaire an II.
(2) *Moniteur* du 26 vendémiaire an II.

et des premiers banquets à *cinq sous*, dansant la *Carmagnole* autour des croix et des saintes images livrées aux flammes, ne devrait-il pas figurer parmi les héros de la *Morale en action*, entre Vincent de Paule, père des enfants trouvés, et l'évêque Belzunce soignant de ses mains les pestiférés de Marseille ?......

Oh ! qu'en effet M. le général Eugène Cavaignac doit se sentir heureux et fier d'être le fils d'un tel homme ! ! !

Mais, puisqu'il est si heureux et si fier, puisqu'à l'exemple de l'auteur de ses jours précieux, il est tellement l'ennemi de toute aristocratie, excepté celle de la Terreur, pourquoi donc, après les journées de juin, alors qu'il se croyait maître de Paris noyé dans le sang par les *prédications civiques* (lisez *cyniques*) du *National* et de la *Réforme*, pourquoi ce grand républicain faisait-il écrire dans les journaux à ses gages sa prétendue généalogie remontant, dans la nuit des siècles, jusqu'à je ne sais quels Cavanag'h de Borris, *princes* d'Irlande? ... L'ombre du *vertueux* Cavaignac père, en apprenant cette nouvelle, dut tressaillir de fureur dans les Champs Elyséens, où elle cause avec Brutus et l'inventeur des barbares exécutions de l'Est ; mais passons.

La mission de Cavaignac père à Auch avait trop bien mérité des sicaires et des chauffeurs de l'époque, pour n'être point suivie d'une troisième promenade *démocratique* et *sociale*. Ce *vertueux* spartiate fut réexpédié dans les quatre départements déjà cités, pour y installer la Terreur sur une plus grande échelle, de concert avec son ami et collègue, Pinet aîné. Leur correspondance offre la preuve authentique du zèle qu'ils mirent au service du Comité de Salut public.

Dans la première dépêche, datée de Mont-Adour, département des Landes, le 6 germinal an ii, ces deux proconsuls, unis par une si touchante fraternité, rendent compte à la Convention d'un plan de contre-révolution qu'ils ont, sans doute, fabriqué pour voiler leurs cruautés. — « Nous avons, écrivent-ils, fait *empoigner* près de quatre-vingts ci-devant nobles ou seigneurs. Nous continuerons ces arrestations, jusqu'à ce que *le dernier* de ces ennemis irréconciliables de la *Liberté* soit *enchainé*. Nous pensons qu'il faudrait étendre cette mesure à la république *tout entière*. — La Commission *extraordinaire* que nous avions créée à Bayonne, nous avait suivis de près. Une guillotine toute neuve a été apportée et dressée sur la place Saint-Sévère. Les *aristocrates* connus sont poursuivis, arrêtés, guillotinés, et leurs biens *confisqués*. Chaque jour voit *rouler sur l'échafaud* quelques-unes de leurs têtes. Nous vous le répétons, citoyens collègues, *il est temps* d'ordonner l'arrestation de *tous* les ci-devant nobles, de *tous* les ci-devant seigneurs, de *tous* les prêtres. Ce sont les *ennemis naturels* de la république ; TANT QU'IL EN RESTERA UN SUR la terre de la liberté, il conspirera contre elle. » Signé CAVAIGNAC et PINET aîné (1).

Quinze jours après cette dépêche, les deux fournisseurs du bourreau, annonçant leur rentrée à Bayonne, retracent avec une *douce satisfaction* les mesures sévères par lesquelles ils avaient étouffé la *conspiration* dans son berceau. — « Les prêtres, écrivent-ils, et les nobles étaient l'âme de ce complot horrible. La tête des plus criminels a tombé sur l'échafaud ; les autres sont dans les fers. La terre de la Liberté était *souillée*, là, plus qu'ailleurs, *de la présence des prêtres*. Sept ou huit de ces *misérables* ont payé de leurs têtes leurs *infâmes projets*. » Suivent d'autres détails, en style de l'époque, sur le *zèle* du peuple qui, *plus éclairé, dépouille avec empressement* de leurs ornements *les temples de l'imposture*, pour les transformer en *temples de la déesse* RAISON. Si ce n'est point l'apothéose du pillage, où faudrait-il la chercher ? Les mêmes *vertueux* Sans-Culottes Cavaignac père et Pinet aîné, ajoutent que « l'argenterie des églises *s'accumule* dans les districts, et qu'il ne reste plus *un seul prêtre* dans toute l'étendue du département des Landes... « — La Commission *extraordinaire*, » disent-ils

____

(1) *Moniteur* du 14 germinal an II.

encore avec une ineffable volupté, « nous a PUIS-
SAMMENT secondés. Elle a exercé des actes sévères
de justice et de VENGEANCE NATIONALE. Mais, citoyens collègues, *il est encore de grands coupables à punir*, et principalement dans les murs
de Bayonne. » Signé CAVAIGNAC et PINET aîné,
représentants du peuple (1).

Guillotineurs infatigables de nobles et de prêtres, vénérables apôtres des voleurs d'églises, pa-
triarches de la société des *Vengeurs*, que la terre
vous soit légère ! ! ! ...

Pendant que le père Cavaignac fabriquait de
la chair à pâté avec son ami Pinet, un autre *vertueux* Sans-Culotte, digne de son estime, et dont
j'ai déjà parlé, Dartigoyte écrivait de Castel-
Sarrasin, le 12 germinal an II, à la Convention :
— « Citoyens collègues, l'esprit public s'agrandit
chaque jour. L'énergie du tribunal révolutionnaire et l'active surveillance du Comité de Salut
public ont opéré des prodiges. *Guerre* A MORT
aux *aristocrates*, à tous les *ennemis de la révolution :* LE PEUPLE EST SAUVÉ! Salut et fraternité (2). » Après avoir envoyé à *Sainte-Guillotine* l'abbé Gros, ancien prieur des Bénédictins
et curé de Saint-Sever, à Toulouse, vénérable
vieillard accusé de *conspirer contre le calen-
drier républicain*, Dartigoyte revint à Auch,

(1) *Moniteur* du 8 floréal an II.
(2) *Moniteur* du 20 germinal an II.

pour catéchiser les bonnets rouges. Il y prêchait un jour, à la tribune de la *Société des amis de la liberté et de l'égalité*, sur le théâtre de la ville, lorsqu'une main malheureuse lança, d'une des troisièmes loges, une brique à la tête du représentant qui ne fut pas atteint. La brique, tombant au pied de la tribune, se brisa. Les morceaux furent ramassés et enveloppés dans un papier qui fut scellé du sceau du club (1). Les portes se fermèrent sur-le-champ, et bientôt on annonça l'arrestation de l'individu qui *paraissait* être le coupable.

C'était une belle et légitime occasion pour le *vertueux* Cavaignac père et pour son collaborateur Pinet aîné, de faire aiguiser fraîchement le couperet national. La Commission *extraordinaire* de Bayonne fut envoyée à Auch, et, tandis que l'attentat commis sur Dartigoÿte était l'objet d'un rapport de Barrère, qui fit décréter le renvoi du coupable au tribunal révolutionnaire de Paris, Cavaignac père et Pinet aîné, beaucoup plus expéditifs, annonçaient à la Convention l'exécution de dix *scélérats*, y compris le *principal* auteur du désagrément causé à Dartigoÿte. Le décret, rendu sur le rapport de Barrère est du 26 germinal an ii, et la lettre de MM. Cavaignac père et Pinet, annonçant le meurtre *anticipé* des

(1) *Moniteur* du 27 germinal an ii.

accusés que réclamait le tribunal de Paris, est datée du 3o. Voici cette pièce curieuse :

« Vous avez su, citoyens collègues, *l'attentat horrible* commis sur *notre brave et digne ami* Dartigoyte, à la tribune de la société populaire d'Auch. Vous avez vu qu'une main *scélérate* avait failli enlever à la république *un de ses plus dignes défenseurs*, au moment où, au milieu du peuple, il tonnait contre les malveillants. Pénétrés d'*horreur* et d'*indignation*, et voulant *venger la représentation nationale outragée*, nous prîmes, sur-le-champ, un arrêté pour ordonner à la Commission *extraordinaire* de s'y transporter. Dix *scélérats* ont porté leurs têtes sur l'échafaud, et le *principal auteur* de l'*assassinat* de Dartigoyte a fait retentir, jusqu'au dernier instant, l'*infâme nom* de Louis XVII..... Les monstres!... ils périront tous, et, bientôt, la terre de la Liberté *sera purgée de ces esclaves qui veulent des rois* !... Salut et fraternité. » *Signés :* Cavaignac et Pinet aîné, représentants du peuple (1).

Or, le grand criminel qui avait *outragé* la représentation nationale dans la personne d'un de ses coupe-jarrets, était un soldat réquisitionnaire qui se rendait à l'armée. Arrivé à Auch, où il ne connaissait personne, il vint au club, où il

____

(1) *Moniteur* du 11 floréal an ii.

trouva *bonne* compagnie. Cependant, surpris par le sommeil, après sa longue étape, il s'endormit. C'était peu flatteur pour l'éloquence civique du représentant des Landes ; mais la suite la plus déplorable de son sommeil fut la chute de la brique, qui ne fit de mal à aucun des *frères et amis*, et qui jeta cependant le pauvre conscrit sous la hache du père Cavaignac. Quant aux complices, car *il en fallait,* on alla les choisir parmi les *suspects* détenus dans les prisons. Il n'en coûtait pas plus à MM. Pinet aîné et Cavaignac père de dresser la guillotine pour dix têtes que pour une. M. Delong, conseiller au parlement de Toulouse, fut compris dans la fournée. On appelait cela *profiter de l'occasion.* Qu'en dites-vous ?...

A la suite du 9 thermidor, la France respira un moment. Cavaignac père fut dénoncé à la Convention nationale par les habitants de Bayonne qu'il avait juré d'*anéantir.* On ne s'explique pas comment ces deux équarisseurs de chair humaine échappèrent aux représailles exercées contre les terroristes après la chute de Robespierre. Ils furent bannis, comme *régicides,* par la loi du 12 janvier 1816.

Bornons ici cette funèbre étude.

Et maintenant, devant le patrimoine politique dont il a si fatalement hérité, M. le général Eugène Cavaignac oserait-il encore, en

1850, répéter le front haut, la lèvre arrogante :
« Mon père, *citoyen vertueux*, martyr de la Liberté, siégeait à la Convention. JE SUIS HEUREUX ET FIER D'ÊTRE LE FILS D'UN TEL HOMME ! ! ! »

Nous ne le croyons pas.

Général Cavaignac, l'ivresse de la dictature vous donnait le vertige. En prononçant ces fatales paroles, vous avez remué le sang des échafauds dressés par votre père.

Enfant terrible, vous avez mordu l'histoire.

L'histoire vous remet au biberon.

Jules Favre.

> Défiez-vous de ces courtisans des factions. Ils bouleverseraient le pays pour avoir une ovation, dût cette couronne éphémère se flétrir, dès le lendemain, sur leurs fronts déshonorés.
>
> Emile DE GIRARDIN.

« Voilà une véritable physionomie de jacobin. C'est vous dire que jamais figure n'aura été plus dépourvue de noblesse. Le front n'a rien d'élevé, il fuit vers les tempes. Une pâleur livide s'étend sur des joues creuses. De deux yeux bridés sort un regard oblique, dissimulé par des lunettes bleues. Tout cet ensemble ne se trouve rehaussé ni par le nez, qui est incorrect, ni par la bouche, qui n'a rien de fin. Les lèvres, dira-t-on, sont éloquentes. D'accord, si vous prenez le sifflement aigu qui s'en échappe pour l'organe d'une conviction sincère ou pour la voix du talent indigné. Mais, à ces formes incohérentes, ajoutez une mise négligée, une chevelure à peu près inculte, l'air guindé que l'avocat traîne partout comme un boulet au pied, ajoutez encore un désir immodéré de se mettre en évidence, et vous aurez, à quelques détails près, une sorte de portrait au daguerréotype du *citoyen* Jules Favre.

« Vu de près, à la tribune, cet orateur de la démagogie moderne produit presque l'effet de la torpille : il engourdit son auditoire. Vu de loin, quelque recherche qu'il mette dans son langage, il fatigue et repousse encore. Pour que sa parole trouve à mordre, il faut qu'il lui donne pour aliment une réputation à défaire, une personnalité à démembrer, quelque œuvre de basse critique à exercer. Amis et ennemis, il imprime une sorte de morsure sur quiconque s'élève. On voit alors son pâle visage s'illuminer de je ne sais quelle lueur fauve et vacillante; sa main frappe la barre de la tribune comme le bâton d'un chef d'orchestre. L'homme nage dans son élément. Il blesse, il entame, il est heureux. Aussi le *citoyen* Ribeyrolles, rédacteur en chef de la *Réforme*, disait-il de lui : « Toutes les fois qu'il parle, on dirait qu'il boit avec volupté une jatte de lait empoisonné. » Ce mot rappelle l'aphorisme de Mirabeau sur Robespierre : « On dirait un chat qui boit du vinaigre. »

C'est ainsi que la *Mode*, qui, récemment, avait maille à partir avec lui, trace le portrait du *citoyen* Jules Favre. Tous ceux qui le connaissent s'inclineront devant la ressemblance frappante de ces traits burinés, spirituellement par une plume incisive.

Me Jules Favre, fils d'un boutiquier de Lyon, est né dans cette ville en 1809.

Quand ce rejeton du comptoir eut achevé ses classes, on décida dans la famille qu'*un sujet si plein d'espérances ne pouvait entrer dans le commerce*, et, à l'unanimité des voix, on résolut qu'il deviendrait AVOCAT! En conséquence, le docteur en herbe partit pour Paris, où on l'envoyait faire ses études de droit.

Le citoyen Favre habitait la capitale en 1830. Il fut un des *héros de juillet*, et le jeune anarchiste réclamait dès lors, dans un manifeste inséré au *National*, l'abolition de la royauté, la souveraineté de la rue, et une assemblée conventionnelle.

Le duc d'Orléans confisqua la révolution à son profit, et le futur socialiste fut prié d'aller voir ce qui se passait à Lyon... dans la boutique de son père. De retour dans sa ville natale, l'apprenti révolutionnaire, après s'être fait inscrire au barreau, s'enrôla dans la presse démagogique, et devint l'un des rédacteurs les plus violents du *Précurseur*; aussi eut-il plusieurs fois à rendre compte à la justice de ses tartines incendiaires.

Lorsqu'éclatèrent à Lyon les déplorables événements de 1831 et 1832, avocat et conseil des ouvriers *mutuellistes*, Jules Favre ne contribua pas peu à leur soulèvement, et on prétend qu'après la bagarre, il ne dut son salut qu'à ses jambes de cerf. Quand le danger fut passé, il revint bravement patroner toutes les prédications des feuilles rouges de Lyon, et prendre leur défense dans les procès que leur intentait le pouvoir. — C'était alors le grand véhicule, le moyen sûr d'arriver à la réputation, pour les avocats ambitieux.

Grâce à ses plaidoyers anarchistes, Me Jules Favre obtint d'un insurgé d'avril, la *faveur* de se poser en républicain devant la Cour des pairs, ce qui dut ajouter un prestige éclatant à ses lauriers démocratiques.

Pendant que le citoyen Jules Favre faisait partie du barreau de Lyon, raconte la *Chronique de Paris,* il eut à défendre en cour d'assises un individu accusé de vol domestique. Le maître volé se nommait Chirouze. Dans une plaidoirie pleine de fiel et d'insinuations *vipérines,* Me Jules Favre chercha à prouver que le voleur de M. Chi-

rouze n'était autre chose que M. Chirouze lui-
même.

Le Chirouze bondissait sur son banc de témoin
ou de partie civile, nous ne savons lequel. Tout
à coup, — c'était au mois de juillet, et il faisait
une chaleur suffocante, — Me Jules Favre pâlit
et tombe sans connaissance. On s'empresse autour
de lui; l'infortuné Chirouze lui-même se multi-
plie, tire un flacon de sa poche, en verse l'essence
sur un mouchoir, se met à frotter les tempes à
Me Jules Favre qu'il tient dans ses bras, et à le
frictionner avec amour.

L'avocat revient à lui, l'audience est reprise.
Alors, s'essuyant le front et se dégageant des bras
de sa partie adverse.

« Messieurs, — s'écrie la vipère réchauffée,
« — je vous disais donc qu'il n'y a dans cette
« cause qu'une seule hypothèse probable : celle
« de M. Chirouze se volant lui-même ! ! ! »

La Cour, indignée, retira la parole à Me Jules
Favre.

L'avocat-vipère vint habiter Paris vers la fin
de 1837, et continuant le rôle qu'il avait si bien
entrepris à Lyon, on le vit, recherchant tous les
scandales, se faisant le champion de toutes les
hontes soit politiques, soit privées, répandre à
grands flots le poison de la calomnie sur les victimes que le hasard ou le calcul conduisaient
sous ses griffes acérées.

Quelles ignominies de famille, quelles plaies douloureuses pieusement cachées jusque-là, quels infâmes détails n'ont pas trouvé dans M⁰ Jules Favre un écho pour le redire au grand jour, un délateur avide de les jeter en pâture au monstre dévorant de la curiosité publique! Citerons-nous tous les noms de ces malheureux frappés d'anathème par son souffle empoisonné, dont il a jeté hautement, à un auditoire effréné, la vie intérieure, les secrets intimes, après avoir violemment déchiré les voiles qui les couvraient? — Combien de noms n'aurions nous pas à raconter!... — mais nous ne réveillerons pas des douleurs assoupies, nous serons discret pour des misères souvent imméritées; — la liste, d'ailleurs, en serait bien longue!

L'avocat Jules Favre, en un mot, spécula sur le scandale comme sur une marchandise cotée en bourse; — son calcul était bon; — il y gagna sa célébrité présente, et les tours de bâton du *Provisoire*.

Parfaitement instruit des menées de la démocratie, afin de profiter un des premiers d'une réussite quelconque, — un des familiers de la Réforme, — le citoyen Favre était au mieux avec Ledru-Rollin et consorts, lors de leur triomphe de février. Aussi fut-il immédiatement choisi par le *tribun* pour remplir les éminentes fonctions de secrétaire général du ministère de l'intérieur.

Il serait superflu de répéter ici tout ce que nous avons déjà dit en parlant du *grand* Ledru, à propos de la conduite du ministère de l'intérieur pendant le *Provisoire*, et sur les trop fameuses circulaires. Apprenons seulement à nos lecteurs que le citoyen Jules Favre fut de moitié dans toutes ces orgies de pouvoir, dans toutes ces mesures extra-révolutionnaires, si même il ne les conseilla pas et ne les fit pas exécuter de sa propre inspiration. — L'histoire a déjà attaché le nom de cet homme au pilori de ces jours néfastes, pendant lesquels la France, vaisseau aux mains d'un équipage mutiné, faillit sombrer tant de fois. L'anathème des honnêtes gens indignés sera son éternelle punition.

Le citoyen Favre, à qui ses débuts dans la carrière publique promettaient, tant que se perpétuerait le gouvernement du désordre, une place distinguée parmi les hauts fonctionnaires de la République, abandonna tout à-coup, au moment de l'ouverture de la *Constituante*, et à la suite de discussions intimes avec Ledru-Rollin, la direction du ministère de la rue de Grenelle. Les causes de cet événement sont encore obscures. Elles formeraient peut-être un curieux chapitre à ajouter aux *Mémoires* de Robert Macaire et de son ami Bertrand.

Elu à l'Assemblée constituante sur la renommée de ses *bulletins*, Jules Favre, membre important de la coterie du *National*, s'associa à toutes les mesures par lesquelles ce parti cherchait à s'inféoder le pouvoir. Aussi les *rouges avancés* le répudièrent-ils aux premières élections de la Législative; il fallut que, rappelant ses anciens souvenirs de fraternité aux *ouvriers socialistes*, l'avocat lyonnais allât mendier les suffrages de ses compatriotes en guenilles, pour qu'un vote supplémentaire lui permît de reprendre sa stalle du palais Bourbon.

Espion au profit de son tic calomniateur, de toutes les négligences des gens d'ordre, il éprouve une joie haineuse à appuyer sur tout ce qui recèle une rumeur méchante, une personnalité lésée. Comme complément indispensable du personnage, nous ajouterons que la bravoure est son moindre défaut. Dans un récent démêlé avec un des rédacteurs de la *Mode*, le citoyen Jules Favre refusa de rendre raison à l'écrivain qu'il avait offensé par une dénonciation à la tribune, et, comme celui-ci le menaçait d'une *réaction* très-désagréable, le représentant hargneux se mit sous la protection de l'autorité.

Depuis ce moment, il a fait pratiquer dans son appartement une enfilade de vasistas, et il s'exerce, à huis-clos, au genre de gymnastique dont son ex-patron, Ledru, donne à Londres des représentations désopilantes.

On ne sait pas ce qui peut arriver.....

Alphonse de Lamartine.

> Ces idées ne sont si sonores que parce qu'il n'y
> a rien dedans, si ce n'est du vent et des tempêtes.
> Elle crèveront dans toutes les mains qui voudront
> les presser.
>
> LAMARTINE.

« Quand le gouvernement sera sans ressources ;

« Quand la nation aura dévoré son avance ;

« Quand le pays sera sans production et sans commerce ;

« Quand Paris affamé, bloqué par les départements, ne payant plus, n'expédiant pas, restera sans arrivage ;

« Quand les ouvriers, démoralisés par la politique des clubs et par le chômage des ateliers nationaux, se feront bandits pour vivre ;

« Quand un million de prolétaires sera croisé contre la propriété ;

« Quand l'État requerra l'argenterie et les bijoux des citoyens pour les envoyer à la Monnaie ;

« Quand les perquisitions domiciliaires seront l'unique mode de recouvrement des contributions ;

« Quand des bandes affamées parcourront le pays et organiseront la maraude ;

« Quand le vagabondage sera devenu la condition commune ;

« Quand le paysan, le fusil chargé, gardant sa récolte, abandonnera la culture ;

« Quand les ouvrières, domptées par la faim, se seront toutes livrées ;

« Quand la première gerbe aura été pillée, la première maison forcée, la première église profanée, la première torche allumée, la première femme violée ;

« Quand le premier sang aura été répandu ; quand la première tête sera tombée ;

» Quand l'abomination de la désolation sera par toute la France ;

« Oh ! alors, vous saurez ce que c'est qu'une révolution

provoquée par des avocats, CONDUITE PAR DES ÉCRIVAINS ET DES POÈTES.

Ainsi s'exprimait naguère un des esprits les plus avancés de l'époque sur cette république de 1848, dont M. de Lamartine s'est fait tour à tour le père, le tuteur et le panégyriste.

M. de Lamartine est un si grand poète, un écrivain d'une distinction tellement reconnue, que nous éprouvons, en voyant sa noble figure au milieu de tous ces portraits d'anarchiste, une sensation douloureuse ; nous voudrions jeter un voile d'oubli sur les erreurs politiques du sublime auteur des *Méditations*. Mais la vérité nous impose un rigoureux devoir envers le rédacteur habituel du *Conseiller du peuple*.

M. Alphonse de Lamartine est né à Mâcon, en 1791, d'un gentilhomme de cette ville, proscrit pendant les jours de la terreur comme officier au régiment de cavalerie de Louis XVI. Après de brillantes études chez les pères de la foi, à Belley, le jeune Lamartine entreprit une longue série de voyages. A son retour, il obtint de la faveur royale un emploi de sous-lieutenant dans les gardes-du-corps de Louis XVIII. Ses opinions royalistes hautement professées, la ferveur de son zèle, recommandaient le jeune officier à la bienveillance de la restauration. M. de Lamartine ne resta que trois ans dans la maison militaire du roi ; on le lança dans la diplomatie.

Successivement attaché aux ambassades de Naples, de Londres, de Turin et de Rome, il fut enfin envoyé à Florence comme chargé d'affaires auprès du grand-duc de Toscane. Il y passa cinq années.

M. de Lamartine avait déjà publié, en 1820, ses *Méditations*, qui lui créèrent une place distinguée parmi les littérateurs; à cette époque, il faisait hommage des prémices de son beau talent à la royale famille aux bienfaits de laquelle il devait son rang social; lors de la naissance du duc de Bordeaux, le poète écrivit une ode dont nous citons les deux strophes suivantes :

> Il est né, l'enfant du miracle !
> Héritier du sang d'un martyr,
> Il est né d'un tardif oracle,
> Il est né d'un dernier soupir !
> Aux accents du bronze qui tonne,
> La France s'éveille et s'étonne
> Du fruit que la mort a porté !
> Jeu du sort ! merveilles divines !
> Ainsi fleurit sur ses ruines
> Un lys que l'orage a planté.
>
> Sacré berceau ! frêle espérance
> Qu'une mère tient dans ses bras !
> Déjà tu rassures la France ;
> Les miracles ne trompent pas !
> Confiante dans son délire,
> A ce berceau déjà ma lyre
> Ouvre un avenir triomphant ;
> Et, comme ces rois de l'Aurore,
> Un instinct, que mon âme ignore,
> Me fait adorer un enfant !

Il est vrai que, depuis, M. de Lamartine a outragé, par expiation sans doute, dans ses *Giron-dins*, cette noble et sainte Marie-Antoinette, la reine-martyre, dont la fille, madame la duchesse d'Angoulême, avait toujours montré pour lui la plus exquise bonté.

A ce même moment, l'adulateur des Bourbons criait au prisonnier de Sainte-Hélène, qui terminait sa lente agonie :

« Ah! si rendant le sceptre à ses mains légitimes,
« Plaçant sur ton pavois de royales victimes,
« Tes mains des saints bandeaux avaient lavé l'affront,
« Soldat, vengeur des rois, plus grand que ces rois même!
« De quel divin parfum, de quel pur diadème,
« La gloire aurait sacré ton front! »

Récemment, le représentant-poète disait à l'Assemblée législative, que Monck, le restaurateur de Charles II d'Angleterre, était un *traître*.

Quand parlait-il avec conviction?

Pour le sacre de Charles X, M. de Lamartine composa un chant monarchique où il fit revivre les souffrances de la France chevaleresque, et les gloires de l'illustre maison à laquelle il prédisait un brillant avenir. Jamais roi ne fut aussi bien flatté, en vers aussi harmonieux.

Aussi les faveurs de la cour vinrent-elles le combler, la carrière des honneurs était ouverte pour lui; on parlait de le nommer secrétaire général des *affaires étrangères;* déjà même M. de Lamartine était revenu à Paris dans cette espérance, lorsqu'éclata la révolution de 1830. Le secrétariat général s'en alla en fumée.

Pour se consoler de ses mécomptes politiques, l'ex-chargé d'affaires à Florence entreprit un long pèlerinage en Orient : les voyages sont la panacée universelle que M. de Lamartine applique aux blessures de son amour-propre.

De retour à Mâcon, après une longue absence, l'ancien diplomate se porta candidat à la députation, et les électeurs légitimistes, confiant en son origine, réunirent sur lui leurs suffrages. — Le ministère du 11 octobre occupait le pouvoir, quand M. de Lamartine prit place sur les bancs de la Chambre ; bientôt le député légitimiste fut circonvenu par d'habiles manœuvres ; il résista faiblement, et, sous le prétexte que les d'Orléans était toujours des *Bourbons*, il devint un des partisans déclarés de la nouvelle dynastie.

A partir de cet instant, le représentant de la Côte-d'Or fut un des plus solides appuis du ministère ; quelques mots d'un de ses discours suffiront pour montrer avec quelle chaleur M. de Lamartine défendait le gouvernement de Louis-Philippe ; — à propos du projet de loi contre les associations, que le futur défenseur des clubs au sein de l'Assemblée nationale, appuyait alors de toutes ses forces, il s'écriait de la tribune : — « Le premier soin d'un gouvernement, c'est de vivre ; *il représente quelque chose de*

plus pressant que la liberté même. L'ordre, la
paix publique, *la sécurité dans la rue, dans
le foyer,* DANS LA PROPRIÉTÉ, DANS LA VIE, voilà
ce que nous sommes en droit de lui demander ;
voilà aussi ce que nous devons lui donner les
moyens de maintenir, quand il les réclame au
nom du salut public. POUR MA PART, JE NE MAR-
CHANDERAI JAMAIS LE POUVOIR AU GOUVERNEMENT
DANS LES TEMPS DE CRISE. »

Pourquoi M. de Lamartine n'a t-il pas toujours persévéré dans ces idées dignes de tous
éloges ?

Excepté de pâles discours en faveur de la
presse à propos des lois de septembre, et contre
l'établissement des fortifications de Paris, depuis
1834 jusqu'en 1842, pendant une période de huit
années, l'illustre poète se tint à la remorque des
différents ministres.

Au début de la session de 1843, son langage et
ses votes changèrent tout-à-coup. Le poète monarchique passa dans le camp de l'opposition.
Peut-être n'était-ce qu'une agacerie pour dérider
le pouvoir. Mais les ministres se vengèrent de sa
défection par le dédain, et le nouvel Achille resta
sous sa tente.

Le poète bouda un an ; — sa colère s'évapora
peu à peu, et, dès le printemps de 1844, il colla-
borait avec M. Emile de Girardin, l'agent officiel
des *Tuileries,* dans le journal la *Presse,* où tous

deux, de concert, traitaient les questions les plus graves, en faveur du gouvernement constitutionnel de la monarchie de juillet. Voici un curieux fragment d'un article du député de Mâcon contre ces républicains avancés avec lesquels il fraternise aujourd'hui, et qu'il dépasse en théories égalitaires de toute la fougue de son imagination.

« Ils veulent, — écrivait-il, — que le gouvernement, pourvu qu'il soit démocratique, ose *tout,* fasse *tout,* tienne *tout.* La tyrannie qui leur paraît exécrable *en haut,* leur paraît excellente *en bas ;* ils oublient que l'arbitraire ne change pas de nature en se déplaçant, et que *si l'arbitraire des rois et des aristocrates est insolent,* L'ARBITRAIRE DU PEUPLE EST ODIEUX !!! Nous ne nous étonnons que d'une chose, c'est que ces *fermes penseurs* ne poussent pas leurs principes d'ultràgouvernement jusqu'à ses conséquences, et qu'ils ne suppriment pas la faculté des discussions, la liberté de penser et d'écrire. »

Jusqu'en 1846, M. de Lamartine, sans se rallier tout à fait au ministère, resta dans une neutralité bienveillante à son égard : il attendait sans doute encore. Les promesses qu'on avait tant de fois fait briller à ses yeux lui tenaient toujours à cœur ; sa pensée constante était de devenir le collègue des hommes qu'il ménageait, et le bras droit de Louis-Philippe. Mais quand il s'aperçut

que, comme politique, on ne le prenait pas au sérieux, il se crut bafoué, et quittant la lice, il se
retira dans son cabinet pour écrire *les Girondins*.

Cette œuvre produisit à son début une vive
sensation. Un auteur honoré jusqu'alors, se lançant à corps perdu dans les principes révolutionnaires ! Un gentilhomme insultant une femme,
une reine déchue ! Un homme de bonne société
exaltant ces ambitieux Girondins, les assassins
juridiques de Louis XVI; divinisant la vieille république, ses héros féroces, ses traditions lugu-
bres !.... Le scandale fut au comble. De ce jour,
les cœurs honnêtes effacèrent de leur mémoire le
nom du chantre des *Harmonies*.

Mais, en revanche, M. de Lamartine fut adopté
avec enthousiasme par le parti républicain qui se
cachait alors sous le nom de *réformiste ;* on tarda
peu à mettre à l'œuvre la nouvelle recrue, et le
député de Mâcon présida, dans son département,
les banquets de l'opposition, prélude de la lutte
qui allait s'ouvrir.

Le poète fut fidèle, cette fois, à son nouveau
drapeau. Quand sonna le tocsin de février,
quand, au milieu des députés prêts à obéir, la
duchesse d'Orléans vint réclamer la couronne
pour son fils, la régence pour elle-même, M. de
Lamartine se vengea des longs dédains de la dynastie de juillet, en la faisant choir dans la boue,
en faisant chasser du sein de la représentation na-

tionale, envahie par les insurgés, la princesse et ses deux enfants.

Puis, on le vit guider à l'Hôtel de Ville, ce berceau de tous les pouvoirs révolutionnaires ; les révoltés que ses harangues avaient fanatisés. Appuyé sur les baïonnettes et les sabres de l'émeute, il créa une dictature sans contrôle, et dès cette heure, s'installant au palais de l'édilité, il se substitua sans façon, avec ses complices d'usurpation, au gouvernement légal du pays.

Quelle fut la conduite de M. de Lamartine à la place de ces représentants qu'il flétrissait des noms d'incapables et de corrompus ? — Membre du *Provisoire*, l'*ex-garde-du-corps* contracta une alliance étroite avec la minorité anarchiste de ses collègues ; il s'associa à toutes les mesures spoliatrices de la propriété, destructives de l'ordre social, qu'il plût à ces fous d'inventer. — Le *gentilhomme* signa la ridicule ordonnance d'abolition des titres et de la noblesse ; — le *propriétaire* vota l'impôt désastreux des 45 centimes et l'établissement des ateliers nationaux.

Voilà les œuvres de l'homme qui, naguère, dans ses jours de raison, adressait aux novateurs socialistes ces éloquentes paroles : « Ne donnez pas aux ouvriers ces espérances d'organisation forcée du travail, qui les trompent et qui leur font trouver plus cruelles les réalités contre lesquelles ils luttent, par le contraste

AVEC LES CHIMÈRES QUE VOUS FAITES RESPLENDIR DEVANT EUX ! NE FAITES PAS SEMBLANT D'AVOIR UN SECRET QUAND VOUS N'AVEZ QU'UN PRO-BLÈME ; NE DONNEZ PAS LA SOIF QUAND VOUS N'AVEZ PAS L'EAU, NE DONNEZ PAS LA FAIM QUAND VOUS N'AVEZ PAS L'ALIMENT.

« ..... CHAQUE FOIS QU'ON A TOUCHÉ A CES IDÉES, UNE CATASTROPHE INDUSTRIELLE A FRAPPÉ A LA FOIS LES GOUVERNEMENTS, LE CAPITALISTES ET LES OU-VRIERS..... »

Nous ne parlerons ici que pour mémoire des intelligences de M. de Lamartine dans les clubs, de ses liaisons avec Sobrier, de la police occulte qu'il soudoyait à son profit, de la garde qu'il entre-tenait, aux frais de l'Etat, dans le ministère du boulevard des Capucines, enfin de la participation dont on l'accuse dans le complot Nationaliste du 15 mai, et que justifie, jusqu'à certain point, ses liaisons intimes avec le parti du *National*.

Ministre des affaires étrangères, l'ancien di-plomate a failli compromettre, par son manifeste lyrique, nos bonnes relations avec toutes les puissances ; — avec sa prétendue reconnaissance de toutes les nationalités belligérantes, et le glaive républicain qu'il brandit pour les secourir, l'homme d'Etat à fait entrer en d'interminables révoltes la Hongrie, les Etats italiens, la Pologne, et les deux tiers de l'Allemagne.

Ses choix pour le remplacement des agents diplomatiques auprès des diverses cours n'ont pas eu meilleur effet. M. de Lamartine a fait représenter la France au dehors par une foule de gens *sans aveu*, par des hommes des professions *les plus basses*. Des hommes de lettres fantastiques ont comblé les chancelleries, et jusqu'au *tailleur* du satrape des affaires étrangères, un certain SENTIS, fut envoyé consul général à Fernambouc, où il vient d'être la cause d'une quasi-brouille avec le Brésil. Enfin, — que peut-on dire de plus, — à de rares exceptions près, toutes les nominations du ministre provisoire ont été révoquées par ses successeursi mmédiats.

Malgré son génie, M. de Lamartine a pu se convaincre, par une rude expérience, que le métier de gouvernant n'est pas aussi facile qu'il le prétendait jadis. Après son séjour au gouvernement provisoire et à la commission exécutive, sa fragile popularité s'est brisée tout-à-coup par les journées de juin, dont il a assumé sur sa tête une part de responsabilité.

Depuis sa chute des grandeurs, M. de Lamartine rédige un journal mensuel, le *Conseiller du Peuple*, seul point par lequel il pèse encore dans la politique des partis, et où, sous un langage modéré, perce le dépit de ses nombreuses déceptions. Il ne fait que de rares apparitions à l'Assemblée législative où il n'est entré que par remplacement.

Redevenu voyageur, le grand poète a accepté du sultan de Constantinople, admirateur de son génie... poétique, un fief princier dans les fertiles terres de l'Asie. M. de Lamartine se propose, dit-on, d'y fonder une colonie française dont il serait le législateur. Nous doutons fort que l'illustre écrivain s'avise d'y mettre en pratique les axiômes sociaux qu'il promène dans les nuages de son journal.

L'ex-gouvernant-provisoire, prévoyant les orages futurs, a prudemment gagné la porte.... Ottomane. Que Mahomet et les houris le consolent !...

Proudhon.

> Oui, je le répète avec vous, toute propriété est
> un vol fait à la société.
>> (J. ETEX, statuaire et peintre, MEMBRE de
>> L'INSTITUT ; *logé aux frais de l'Etat.*
>> Lettre à Proudhon.)

> — Eh bien ! vous êtes démocrate ?
> — Non.
> — Quoi ! vous seriez monarchique ?
> — Non.
> — Constitutionnel ?
> — Dieu m'en garde !
> — Vous êtes donc aristocrate ?
> — Point du tout.
> — Vous voulez un gouvernement mixte ?
> — Encore moins.
> — Qu'êtes-vous donc ?
> — Je suis ANARCHISTE ! ! !
>> PROUDHON. *Mémoire sur la propriété.*

> Le capital a peur, et son instinct ne le trompe
> pas : LE SOCIALISME A LES YEUX SUR LUI ! ! !
>> PROUDHON, discours du 31 juillet 1848.

L'accusateur public de la propriété, tel est le titre que le *citoyen* Proudhon s'applique avec orgueil, est né en 1809 à Besançon.

Son père était tonnelier, et destinait son fils à lui succéder dans ce métier obscur, lorsqu'un administrateur influent de sa ville natale se prit d'intérêt pour le jeune Proudhon, et lui procura une bourse au collége de Besançon, où il fit aux frais de l'Etat des études complètes.

N'est-ce pas ici le lieu d'accuser un des pires résultats de nos révolutions égalitaires, cette intervention du rôle de l'Etat, qui fait qu'à la première lueur d'intelligence, à la première étincelle un peu vive qui jaillit du fils d'un boutiquier ou d'un artisan, il se trouve, à point nommé, quelques bonnes gens qui crient au grand homme à produire, qui l'élèvent, ou qui arrachent du gouvernement les frais de culture de cet embryon d'avenir.

Cette touchante sollicitude dote la société d'un être gonflé d'ambition envieuse, que ses mécomptes infaillibles à son entrée dans le monde, transforment en un adversaire implacable de ces heureux de la terre, à côté desquels il a étudié, et qui lui semblent, plus tard, autant d'usurpateurs de sa place au soleil.

Presque tous les hommes, dont la France passe en revue les méfaits et les hontes, sectaires de l'anarchie, apôtres de la guerre civile, doivent à l'imperfection de nos lois sur l'instruction publique les facultés qu'ils tournent tôt ou tard contre la société. Voyez, pour exemples, Marrast et Michel de Bourges élevés par des prêtres ; — Louis Blanc et Flocon passant leur jeunesse dans les colléges de l'Etat. Voyez enfin Proudhon, et jugez.

Quand Proudhon quitta les bancs, bourré de grec et de latin, mais ne possédant ni sou ni maille, il dut, pour vivre, entreprendre un petit commerce, qu'il quitta bientôt, faute de ressources. Il entra alors dans un atelier d'imprimerie, et devint compositeur. Quand il se sentit habile ouvrier, il vint à Paris, et là, trouvant à mieux utiliser son éducation, le typographe se fit teneur de livres. Une fois lancé dans cette carrière, l'ex-compositeur voulut monter plus haut; mordu au cœur par une ambition soudaine, il tenta des spéculations qui échouèrent faute de numéraire : de là sa haine contre le capital.

En 1839, Proudhon qui occupait encore une modeste place dans la comptabilité marchande, lia connaissance intime avec les frères Mazelle, qui venaient de subir trois ans de prison à propos d'un certain établissement fondé par eux à Paris, dans le passage Sainte-Anne, et qu'ils avaient baptisé du nom de BANQUE D'ÉCHANGE. Cette entreprise, par laquelle chaque corps de métier échangeait les produits de sa fabrication contre ceux des autres métiers dont il avait besoin, et qui prétendait annuler ainsi le numéraire, se dénoua en police correctionnelle, sur la plainte de quelques dupes qui, s'y étant affiliées, fournissaient beaucoup, mais ne recevaient rien.

La fameuse idée de Proudhon est renouvelée, comme on le voit, de deux escrocs, flétris par la justice.

Ces frères Mazelle, comme tous les gens de corde, étaient fort intelligents. Ils compâtirent aux souffrances qu'exprimait leur ami sur la médiocrité de sa position, et ils lui conseillèrent de se signaler par quelque production bizarre qui, attirant vers lui la curiosité publique, deviendrait ainsi la base de son avenir. Proudhon accepta l'idée, et poursuivit la recherche de cette pierre philosophale jusqu'en 1840, époque de la publication de son premier ouvrage, que, depuis, l'ignorance et l'esprit de parti ont rendu si célèbre, sous ce titre : *Qu'est-ce que la propriété?* — l'auteur répondit à cette question : LA PROPRIÉTÉ C'EST LE VOL !

Ravi du scandale produit par le premier-né de sa plume, il estimait plus tard son *Mémoire* en ces termes pompeux : « Il ne se dit pas, en mille ans, deux mots comme celui-là. Je n'ai d'autre bien sur la terre que cette définition de la propriété, mais je la tiens plus précieuse que les millions de Rotschild, et j'ose dire qu'elle sera l'*événement le plus considérable* du règne de Louis-Philippe. »

Proudhon n'était pourtant que le plagiaire de Brissot de Warville, dans son livre des *Recherches philosophiques sur le droit de propriété et le vol.* Or, le citoyen Brissot n'était lui-même que le commentateur de *Rousseau,* ce père de la révolution, de qui toute maxime subversive a procédé, et dont les œuvres sont la Bible où les impies modernes vont puiser leurs citations et leurs arguments. Rousseau s'exprime ainsi dans le *Discours sur l'inégalité des conditions* :

« Le premier qui, ayant enclos un terrain, s'avisa de dire : ceci est à moi, et trouva des gens assez simples pour le croire, fut le vrai fondateur de la société civile. Que de crimes, de guerres, de meurtres, que de misères et d'horreurs n'eût point épargné au genre humain celui qui, arrachant les pieux ou comblant le fossé, eût crié à ses semblables : Gardez-vous d'écouter cet imposteur, vous êtes perdus si vous oubliez que *les fruits sont à tous, et que la terre n'est à personne.* »

De cette phrase, sont nés le communisme et le socialisme, qui tendent à la destruction de toute propriété, de toute civilisation, à la mise en commun de l'héritage au détriment de la famille, à la monopolisation du travailleur consciencieux au profit du paresseux égalitaire. Du fond de son tombeau, l'apostat de Genève doit sourire cruellement au spectacle de nos dissensions sanglantes soulevées par ses paroles de malédiction.

Brissot, amplifiant sur la pensée de son modèle, avait dit : La propriété exclusive est un vol dans la nature, et il complétait ainsi sa proposition : *Le propriétaire est un voleur.*

Comme on le voit, Proudhon ressemble assez au geai paré des plumes du paon. Ce célèbre Mémoire, où il délaie les paradoxes, mobile de sa réputation, n'est qu'une contrefaçon incolore de deux écrivains voués à l'exécration des honnêtes gens.

L'accueil fait à l'immoral écrit par les désœuvrés pour lesquels toute nouveauté est bonne, par les niais qui applaudissent ce qu'ils ne comprennent pas, encouragea l'auteur à persévérer dans cette voie. L'année suivante, il fit paraître un second Mémoire, sous le titre de : *Lettre à M. Blanqui*, où il continue son même mode de raisonner, en variant le tout par des attaques aux différents systèmes qui se partageaient le domaine des idées. « Nul ne sait, dit Proudhon, entre autres gracieusetés à ses confrères de sectes Macairistes, tout ce que renferme de *bêtise* et d'*infamie* le système phalanstérien. C'est une thèse que je prétends soutenir, *aussitôt que j'aurai réglé mes comptes avec la propriété.* »

La rancune entre Proudhon et le citoyen Considérant, dont nous entretiendrons nos lecteurs, date de loin, comme le prouve ce coup de boutoir.

Bientôt après fut publié l'*Avertissement aux propriétaires*. Nous n'en citerons que deux phrases — « N'attendez rien de vos tribunaux, ne comptez ni sur votre or, ni sur vos bataillons. Vous ne tiendrez pas devant notre dernière ressource. Ce n'est ni le *régicide*, ni l'*assassinat*, ni l'*empoisonnement*, ni l'*incendie*, ni le *refus de travail,* ni l'*émigration,* ni l'*insurrection,* ni le *suicide;* c'est quelque chose de plus terrible que tout cela et de PLUS EFFICACE, QUELQUE CHOSE QUI NE SE PEUT DIRE !..... »

Il paraît que cette chose est en effet bien terrible, car depuis dix ans le citoyen Proudhon n'a pu se résoudre à en révéler le secret. — Peut-être l'ANARCHIE, sa création chérie, est-elle cachée sous ce voile mystérieux,

Six années s'écoulèrent. On avait complètement oublié Proudhon, ses mémoires, son défi à la propriété. Mais l'ambitieux, qui ne s'était pas endormi, griffonnait en silence les pages immondes qui, sous le titre de *Système des contradictions économiques,* ou *Philosophie de la misère,* attaquant tout ce que l'homme a de cher et de sacré, niant toute vertu, tout système philosophique, toute religion, donnant pour dernier mot de la vie, le *désespoir,* l'*athéisme,* le *néant,* préparaient à leur auteur cette auréole de destructeur dont il se montre si fier. — L'apparition de ce nouvel ouvrage, en 1846, servit de thème à de nombreuses brochures, que les charlatans révolutionnaires se mirent à propager avec profusion parmi les niais qui servent de piédestal à toutes les catastrophes.

Que voulez-vous qu'un pauvre manœuvre, qu'un homme simple et naïf croie; quelle foi voulez-vous qu'il ait dans un monde meilleur,

dans une Divinité rémunératrice de ses souffrances d'ici-bas, quand, après une journée laborieuse, où il a gagné sa subsistance à la sueur
de son front, il lit imprimées des phrases comme
celles-ci :

« Le premier devoir de l'homme *intelligent* et *libre* est de *chasser* incessamment l'idée de Dieu de son *esprit* et de sa *conscience;* car Dieu, s'il existe, est essentiellement *hostile à notre nature,* et nous ne relevons *aucunement* de son autorité. Nous arrivons à la science, malgré lui ; au bien-être, malgré lui ; chacun de nos progrès est une victoire dans laquelle nous *écrasons* la préten-due divinité.

« Qu'on ne dise plus les voies de Dieu impé-nétrables ; nous les avons pénétrées, ces voies, et nous y avons lu, en caractères de sang, les preuves de l'*impuissance* de Dieu... Esprit menteur, Dieu imbécile, ton règne est fini ; cherche *parmi les bêtes* d'autres victimes.

« Ton nom, si longtemps le dernier mot du savant, la sanction du juge, la force du prince, l'espoir du pauvre, le refuge du coupable repen-tant, eh bien ! ce nom, désormais *voué au mé-pris* et *à l'anathème,* sera *sifflé* parmi les hommes ; car,

« Dieu, c'est *sottise* et *lâcheté;*

« Dieu, c'est *hypocrisie* et *mensonge;*

« Dieu, c'est tyrannie et misère; DIEU, C'EST LE MAL !!! »

Et récemment, lâche hypocrisie ! le rédacteur en chef du *Peuple* faisait tirer par milliers un manifeste ainsi conçu :

« La France a montré, dans ces derniers temps, combien elle était religieuse, religieuse dans le cœur et dans la raison. La religion, dans notre incomparable pays, est le ferment de tout ce qui a vie, autorité et durée. Il faut à notre âme quelque chose de plus que le nombre et la mesure, quelque chose au-delà même de l'idée.

« Où sont, parmi nous, les *matérialistes* et les *athées?* Nous avons regardé autour de nous, et nous ne les avons découverts que parmi ceux qui nous calomnient et nous persécutent. Voyez-vous cet être froid et laid, qui ne voit dans la religion qu'un instrument de politique, dans la loi qu'une convention! cet homme-là, c'est un matérialiste, c'est un impie !

« Oui, nous voulons la religion !

Ayez donc un peuple moral, honnête, disposé à respecter la propriété d'autrui, lorsqu'il se sera imbu des doctrines suivantes :

« La propriété, par principe et par essence, est immorale;

« Conséquemment le Code qui, en déterminant les droits du propriétaire, n'a pas réservé ceux de la morale, est un code d'immoralité;

« La jurisprudence, cette prétendue science du droit, qui n'est autre que la collection des *rubriques propriétaires*, est immorale ;

La justice, instituée pour protéger le libre et paisible ABUS de la propriété, la justice qui ordonne de prêter main-forte contre ceux qui voudraient s'opposer à cet abus, qui afflige et *marque d'infamie* quiconque est assez osé pour prétendre *réparer* les outrages de la propriété, LA JUSTICE EST INFAME ! »

Ces doctrines devaient mettre leur éditeur responsable au mieux avec les descendants des communistes de 93. Aussi, après la révolution de 1848, à laquelle sa plume empoisonnée n'avait pas peu aidé, Proudhon fut élu avec enthousiasme à l'Assemblée constituante, par la démocrapule de Paris, qui savait par cœur ses agréables maximes, et qui comptait bien, sous peu, les mettre en pratique.

Après les funèbres journées de juin, à propos desquelles, ayant été aperçu sur les barricades des faubourgs, il prétendit être allé « *admirer la sublime horreur du canon et de la fusillade*, le représentant des pillards obtint de l'assemblée, le 31 juillet 1848, toute une séance où il eut l'audace de développer, au milieu des frémissements de presque tous ses collègues, une proposition qui, organisant le vol, provoquait la banqueroute de l'Etat, confisquait toutes les fortunes particulières au profit de ce dernier ; en un mot, intronisait l'*anarchie*, et se terminait par ces paroles, dignes d'un échappé du bagne : « Le capital a peur, et son instinct ne le trompe pas, le socialisme a les yeux sur lui... »

Un seul homme eut la stupide vanterie, — bien digne d'un ouvrier insurgé contre ses maîtres, — d'associer son nom à cette motion inouïe ; Greppo, ce grotesque législateur, fut désormais baptisé *disciple* de Proudhon, Sancho Pança du nouveau Don Quichotte de la propriété.

L'assemblée vota contre cette conduite sans exemple l'ordre du jour suivant :

« L'assemblée nationale, considérant que la proposition du citoyen Proudhon est une atteinte odieuse aux principes de la morale publique ; qu'elle encourage la délation, QU'ELLE FAIT AP-PEL AUX PLUS MAUVAISES PASSIONS ; passe à l'ordre du jour. »

Nous avons suffisamment décrit le caractère et les tendances du citoyen Proudhon ; passons maintenant en revue sa carrière politique comme journaliste ; cette partie de sa vie ne sera ni moins instructive, ni moins curieuse que la première.

Le premier journal dans lequel le dangereux publiciste étala à son aise l'exposition de ses principes fut le *Représentant du Peuple*, fondé au mois de mai 1848. Dans cette feuille, le charlatan réformateur débitait les phrases les plus étourdissantes de son argot, prêchant aujourd'hui la remise des loyers aux locataires, demain la retenue d'un tiers sur les rentes par l'État, afin de dégrèver entièrement les boissons ; tantôt la liberté illimitée de réunions, tantôt l'appel aux armes et toutes ses conséquences.

Le *Représentant du Peuple*, frappé de saisies continuelles, tomba au mois d'août sous les amendes ; il ressuscita le 20 septembre sous le simple nom du *Peuple*.

Ce nouveau journal éveilla sur Proudhon la curiosité générale par la nouvelle direction qu'il lui imprima, par la lutte qu'il entreprit contre tous les chefs de sectes révolutionnaires dont il jalousait le prestige et l'influence sur leur public commun.

Sa boxe avec le citoyen Félix Pyat est trop connue pour qu'il soit besoin de la rappeler. Tour à tour, chaque démocrate trop en vue essuya sa bordée d'injures ; il est vrai que beaucoup répondirent sur le même ton. — Ces Messieurs étaient, là, sur leur terrain. — La rixe à coups de mots ignobles entre le Macaire du *phalanstérisme*, et le grand-prêtre de l'*anarchie*, offre des pages curieuses. Après une série d'épîtres grossières, les deux adversaires échangèrent un dernier assaut.

« Vous êtes fou, mon brave homme, écrivait Considérant, mais fou d'une de ces folies qui in-

spirent un *légitime dégoût*. C'est cette triste maladie de l'esprit, qui donne à vos écrits cette
odeur de haine et cette *couleur fauve* qui les
caractérisent..... Vous n'avez vécu que de *déni-
grement et de morsures;* vous ne vous êtes fait
un nom que par la *détractation* de ceux-là
même dont vous exploitez les idées; car vous
n'avez rien, rien, entendez-vous, rien de *sérieux*
à vous, pas une miette d'idée, *pas un brin de
pensée.* Un zéro très-gros, très-boursoufflé,
plein de tapage et de *venin,* voilà votre compte...
Ce que vous avez découvert se réduit à trois
mots : *rien! rien! rien!* Vous avez tout abîmé,
tout brûlé, pour vous faire un nom. »

Voici comment Proudhon s'alignait manche à
manche :

« La *Démocratie pacifique,* organe de la prétendue *école sociétaire,* est une sorte de déversoir de toutes les folles absurdités et impuretés
de l'esprit humain. Ce déversoir a pour enseigne
le nom du plus grand mystificateur des temps
modernes, Fourier; pour objet apparent, la mé-
tamorphose sociale; pour but réel, *une spéculation d'intrigants sans principes.* Tout le monde
a entendu parler de la prétendue *théorie* de Fourier, de la *science* découverte par Fourier, du
système de Fourier. C'est, je le répète, la plus
grande mystification de notre époque.... Je viens
dire aux abonnés de la *Démocratie pacifique :* Il

n'y a point de *théorie* de Fourier ; j'ai connu l'individu, j'ai lu tous ses bouquins ; il n'y a *point de science sociale* d'après Fourier, par conséquent *point de socialisme phalanstérien* ; *il n'y a qu'une coalition de* CHARLATANS, *dont vous n'êtes tous que les misérables dupes.* Ah ! monsieur Considérant ! votre dernière heure a sonné. Vous avez passé vingt ans sans rien fonder, sans rien faire ; vous avez consommé je ne sais combien de millions à payer les folies de Clairvaux, de Rambouillet, et d'ailleurs, les sottises de votre propagande, *les tartines de votre insipide journal.*

« Vous êtes mort, vous dis-je. Ce qui parle, ce qui écrit, ce qui *jargonne*, ce qui déblatère sous le nom de Victor Considérant n'est plus qu'une ombre, l'âme d'un trépassé qui revient parmi les vivants demander des prières. Va, pauvre âme, je vais réciter pour toi le *De profundis*, et je donnerai 15 sous pour te faire dire une messe. »

Que dites-vous de cet échange de courtoisie démocratique et sociale ?

Proudhon siégeait à l'Assemblée constituante sur les sommets de la *Montagne ;* toutes les propositions les plus exaltées furent votées par lui systématiquement ; il appuya de sa parole, et par son journal, toutes les mesures propres à bouleverser la France ; la levée de l'état de siége, la

mise en liberté des insurgés de juin ; en un mot,
tout ce qui pouvait contribuer à une nouvelle
insurrection. Mais le bon apôtre avait compris
qu'il ne pourrait marcher isolé ; son système de
ruines ne s'était pas encore assez popularisé pour
vivre de son simple élément. Les écoles socialistes lui inspiraient une rivalité furieuse.

« Quant aux faits et gestes du socialisme, s'é-
criait-il, je renonce à en parler ; la tâche serait au-
dessus de ma patience ! et ce serait dévoiler trop
de *turpitudes !* Comme homme de *réalisation* et
de *progrès*, je répudie de toutes mes forces le
socialisme, vide d'idées, impuissant, *immoral,
propre seulement à faire des dupes et des escrocs !*

« Pour moi, je le déclare, en présence de cette
propagande *souterraine....,* en présence de ce
sensualisme éhonté, de cette littérature *fangeuse*, de cette *mendicité*, de cette *hébétude
d'esprit et de cœur* qui commence à gagner une
partie des travailleurs, JE SUIS PUR DES INFAMIES
SOCIALISTES..... »

Voilà, certes, une déclaration fort claire. Eh
bien ! voyez plus tard la palinodie du même
homme :

« C'est le socialisme qui nous sépare de Cavaignac : rien que cela ! Sans le socialisme, peut-être
voterions-nous pour lui, au lieu de voter pour
Raspail. Car, sans le socialisme, nous n'eussions

jamais eu l'idée d'une république démocratique et *sociale;* sans le socialisme, nous n'eussions pas eu les journées de juin, de mai, d'avril; nous n'eussions pas eu les délibérations du Luxembourg, où fut définie la révolution de février. Sans le socialisme, en un mot, nous ne serions rien, nous n'existerions pas. »

Cela rappelle le satyre de la fable; soufflant le chaud et le froid. A propos de l'élection du président de la république, Proudhon entra dans la lice avec une vigueur qu'on ne lui avait pas encore vu déployer; il se prononça de toutes ses forces contre la candidature du prince Louis Bonaparte, et il tâcha, dans son journal *le Peuple*, de rallier autour du général Cavaignac, qu'il avait jadis combattu, les clubs rouges, les sociétés secrètes, toute la populace des faubourgs qui n'avait pas encore oublié leurs sanglantes étrillades de juin. Les preuves qu'il donnait à l'appui de son opinion sont tout à fait singulières, et devaient influencer vivement les hommes auxquels elles s'adressaient.

« Ce que nous voulons, disait-il, notre but, c'est la destruction du vieux monde pour faire place à une société nouvelle. Avec un chef du Pouvoir, comme Bonaparte, Thiers, Montalembert, nous aurions en face le défenseur de l'aristocratie, de la propriété, de la monarchie, du papisme, etc.—Question complexe, indéchiffrable. — Il nous faudrait combattre l'une après l'autre toutes ces idées, nous n'en finirions jamais. Cavaignac, lui, est *fils de régicide*, point infatué de théories constitutionnelles, simple bourgeois, ni catholique ni philantrope. Il ne défend qu'une seule chose, le CAPITAL, de tout le reste il ne se préoccupe pas ; — donc question simple.

« Prenons donc Cavaignac; quand nous aurons triomphé du *capital*, le gouvernement qui ne se soutiendra que par lui, croulera *immédiatement*, et nous mettrons en pratique notre bienheureux socialisme.

« Avec tout autre que Cavaignac, il nous faudrait disputer de monarchie, théologie, idéologie, constitutionalisme ou romantisme. Avec Cavaignac, la question est admirablement simplifiée, nous n'avons affaire qu'au *produit net*. Si le *produit net* succombe en Cavaignac, il entraîne irrévocablement avec lui dans la ruine tous les principes qui n'en sont que des variantes et des corollaires : c'en est fait de la vieille civilisation et du vieux monde; c'en est fait pour l'éternité. »

Nous ne nions pas que ces idées aient pu caresser agréablement au passage la fibre destructive de M. Proudhon; mais les fonds secrets de la rue de Varennes n'auraient-ils pas un peu contribué à leur naissance et à leur développement?

Louis Bonaparte, porté par six millions de Français, prit en main les rênes de l'État; l'Assemblée constituante se sépara, et l'écrivain de l'*anarchie* ne fut plus qu'un simple particulier, car, effrayés eux-mêmes par ses maximes, les *rouges* refusèrent de l'envoyer à la législative.

Proudhon se voua alors entièrement au journalisme, il y perçut de tristes résultats.

Le *Peuple*, qui s'attaqua avec acharnement à la personne du chef du nouveau pouvoir, périt sous des condamnations répétées. Phénix de la démagogie, il reprit jour sous le nom de *la Voix du Peuple*. On mettait l'infortuné journal à toutes sauces.

Proudhon, débarrassé des soucis de la législature, pensa à utiliser, en employant le renom qu'il s'était fait, l'idée de la banque d'échange, renouvelée des frères Mazelle. Il tambourina pompeusement cette *découverte de son génie*, qui devait changer la face de nos finances; quelques pauvres dupes, alléchées par l'appât d'un gain illusoire, quelques fanatiques quand même, vinrent apporter leurs modestes ressources, et plusieurs semaines ne s'étaient pas écoulées, que le grand inventeur ferma boutique en publiant un lamentable bilan testamentaire.

Le citoyen Proudhon continuait dans la *Voix du Peuple*, ses injures contre le Président. Un article par trop irrévérencieux le fit condamner à trois années de prison, et la pauvre feuille s'éteignit encore une fois. Mais le grand destructeur ne se découragea point. De nouveaux appels de fonds produisirent encore de nouvelles ressources, et le *Peuple de* 1850 parut triomphalement à la lumière.

Nous demandons une bonne fois, la main sur la conscience, au citoyen Proudhon, si, véritablement, il suit une ligne politique, si ses boutades socialistes, si ses articles révolutionnaires, si ses contradictions perpétuelles, se rapportent à un système, à une conviction quelconque ?

En effet, aujourd'hui se passionnant pour une idée, le jour suivant, pour une autre, les combattant ensuite afin d'adopter de nouvelles bizarreries, Proudhon n'a jamais persévéré pendant un mois dans la même manière de juger les hommes et les événements. Après avoir crié jadis à qui voulait l'entendre : « Le suffrage universel est la contre-révolution, » le logicien-girouette a combattu dans le *Peuple de* 1850 en faveur du suffrage universel.

Le révolutionnaire, le montagnard qui appelle de tous ses vœux le règne de la république démocratique, sociale et *rouge*, à côté d'un article de ce sens, imprimait, dans un des récents numéros de sa feuille, cette tirade incompréhensible en pareil lieu :

« La Terreur !

« Une multitude alarmée par l'invasion, alar-
« mée par la trahison, consternée par le *danger*
« *de la patrie*, déguenillée, déchaînée, armée,
« ivre de vengeance et de frayeur.

« Des piques, des haches, des sabres nus, des
« couperets et des marteaux ;

« La cité, morne et silencieuse, ses portes fer-
« mées et gardées ;

« Les maisons fouillées ; les prisons violées ;
« les détenus égorgés ;

« Le canon de détresse résonnant ;

« La police au foyer de la famille ; les opinions
« suspectées ; les paroles écoutées ; les larmes
« observées ; les soupirs comptés ; le silence épié ;
« l'espionnage et les dénonciations ;

« Les réquisitions inexorables ; les emprunts
« forcés et progressifs ; le papier - monnaie dé-
« précié ; l'assignat avili ;

« Le maximum, l'accaparement ; les denrées
« enfouies, et la peur de la famine, plus cruelle
« encore que la faim ;

« La guerre civile, et l'étranger sur la fron-
« tière ;

« Les abjurations lâches ; les apostasies hypo-
« crites ; les ignobles reniements ;

« Les proconsulats fougueux, impitoyables ;
« le Comité de Salut public ; un tribunal su-
« prême au cœur d'airain ;

« L'Échafaud !

« Voilà les fruits de la révolution ! »

Explique, maintenant, qui pourra, l'étrange chaos de l'imagination proudhonnienne.... Le suive, qui voudra, dans le dédale inextricable de sa fantaisie : c'est une tâche au-dessus de mes forces et de ma patience.

Il y a quelques jours, nous avons assisté à l'agonie du *Peuple de* 1850. Sa mort était douloureuse. Il quittait ce monde sans espoir de successeur.

Le citoyen Proudhon est toujours sous les verrous. Il engraisse notablement, sans que son fiel diminue. On avait espéré qu'il se rangerait en le voyant marié et *propriétaire* d'un *héritier* gras et dodu. Mais le démolisseur de la famille prétend n'avoir agi de la sorte que pour mieux en connaître les inconvénients secrets, et la saper par sa base.

Et maintenant que nous avons déroulé l'histoire de toute cette existence remplie par une mission satanique, n'avions nous pas raison de dénoncer, en commençant ce récit, les funestes effets de l'instruction jetée sans discernement aux classes inférieures ? Cet homme eût pu devenir un excellent mécanicien ou un marchand fort habile. Qu'en a fait, dites, l'*immense bienfait* de votre éducation universitaire gratuite ?...

— Un fou dangereux.

Victor Hugo.

> L'homme de tant de causes reniées.
> *Constitutionnel*, mai 1850.
>
> Quand est-ce qne M. Victor Hugo a pris la dé-
> fense du travail ?
>
> Quand est-ce que M. Alexandre Dumas s'est
> fait connaître par ses idées, par ses mœurs ré-
> publicaines ?
>
> Qu'ont-ils fait l'un et l'autre pour la révolution,
> sinon de calomnier les révolutionnaires ? *Et qu'est-
> ce qu'ils nous veulent aujourd'hui, ces aligneurs
> de rimes, ces enfileurs de dialogues ?*
>
> La science sociale a été, depuis vingt ans, étu-
> diée par d'autres qu'eux ;
>
> La révolution a été faite malgré eux ;
>
> Le droit du travail est revendiqué en ce mo-
> ment contre eux ;
>
> La famille n'a pas encore lavé les impuretés
> dont ils l'ont couverte ;
>
> Et ils viennent nous parler de patrie, de fa-
> mille, de travail, de propriété !!!
> PROUDHON, 27 mai 1848.

Il existe dans M. Victor Hugo deux personnages parfaitement distincts, le poëte, *l'aligneur
de rimes*, comme l'appelle le Diogène du socialisme, et l'homme politique. Protée sans conviction, qui, successivement, a servi et renié tous les
régimes, toutes les causes ; jadis blanc ; hier, or-
léaniste ; aujourd'hui, démocrate socialiste ; —
que sera-t-il demain ?...

M. Victor Hugo, de même que son confrère
en poésie, Lamartine, débuta dans la carrière
politique en 1820, par une ode sur la naissance
de Mgr le duc de Bordeaux.

Voici un échantillon de ses sentiments à cette époque.

> Il est né l'Enfant glorieux,
> L'Ange que promit à la terre
> Un Martyr partant pour les cieux !
> L'avenir voilé se révèle.
> Salut à la flamme nouvelle
> Qui ranime l'ancien flambeau !
> Honneur à ta première aurore,
> O jeune lys qui vient d'éclore,
> Tendre fleur qui sort d'un tombeau !

> Guerriers, peuple, chantez ; Bordeaux, lève la tête,
> Cité qui, la première, aux jours de la conquête,
> Rendue aux fleurs de lys, a proclamé ta foi.
> Et toi que le Martyr aux combats eût guidée,
> Sors de ta douleur, ô Vendée !
> Un roi naît pour la France, un soldat naît pour toi.

Ces rimes harmonieuses, rafraîchies et relimées pour chaque nouvel anniversaire de fête royale, avaient procuré à M. Victor Hugo le titre de poète ordinaire des Tuileries. Sa muse chantait, comme une harpe éolienne, au souffle de la faveur ; M. de Châteaubriand l'avait appelé *Enfant sublime,* et Charles X venait de l'autoriser à se parer du titre de vicomte, lorsque survint la catastrophe de 1830.

M. le vicomte Hugo, qui n'était noble que sur parchemin, se prosterna devant les héros des faubourgs, et mit sa muse en guenilles, pour encenser le peuple-roi sur les barricades. Peu de temps après, comme deux basses ses ne coûtent pas plus qu'une, le même vicomte insulta bravement, dans ses vers, le monarque exilé dont il avait reçu les bienfaits. Puis, en parlant des signataires des ordonnances de Juillet, de ces ministres devant lesquels il s'était incliné pour capter un sourire, le poëte s'écriait :

> Mais que la leçon reste, éternelle et fatale,
> A ces nains, étrangers sur la terre natale,
> Qui font régner les rois pour leurs ambitions ;
> Et pétrifiant tout sous leur groupe immobile ;
> Tourmentent, accroupis, de leur souffle débile,
> La cendre rouge encor des révolutions.

M. le vicomte Hugo ne s'arrêta pas en si beau chemin. L'ex-favori des Tuileries trouva piquant de traduire la royauté devant les assises de la canaille ; il fit jouer successivement *Marion Delorme* et *le Roi s'amuse*, où il se donna la joie de travestir, sans souci de l'histoire, les deux grandes figures du cardinal de Richelieu et de François Ier. Et qu'on ne s'y trompe pas, qu'on ne parle point d'œuvre littéraire : ces pièces étaient une déclaration de principes politiques, une attaque à la monarchie dont l'auteur insultait les deux représentants par excellence. On peut, d'ailleurs, s'expliquer ces manifestations anti-royalistes, si l'on remarque que l'époque où elles avaient lieu, coïncide avec les insurrections de 1832 et 1834, mais, quand M. Hugo vit la dynastie d'Orléans, victorieuse de l'anarchie, il revint sur ses pas. *Mieux vaut tard que jamais,* — a dit un vieux proverbe. M. Hugo se rapprocha tout doucement des Tuileries ; des amis officieux lui ouvrirent une porte dérobée, et, un beau jour, tout Paris put voir l'auteur d'*Hernani* parader aux grandes réceptions du château, et essayer des *effets de front* sur les bourgeoises de la cour citoyenne.

Un *rallié* de cette importance méritait mieux que des sourires et des poignées de mains.— Les arts et surtout la littérature se montraient peu sympathiques au régime de Juillet ; — En 1839, M. Victor Hugo, candidat des Tuileries, fut admis à l'Académie française; et la réception du nouvel immortel fut honorée, — gracieuseté peu commune, — de la présence du duc et de la duchesse d'Orléans, ainsi que des autres princes, fils de Louis-Philippe.

A cette occasion, le démocrate de notre époque, prononça un discours tout à la louange du roi des Français et de sa famille, dans lequel, après avoir exprimé son éternelle reconnaissance et sa profonde admiration, il s'écriait : ·

« Aussi, à mon sens, c'est avec un admirable instinct que notre dernière révolution a compris que les familles couronnées étant faites pour les nations souveraines; — à de certains âges des races royales, il fallait substituer à l'hérédité de prince à prince, l'hérédité de branche à branche ; c'est avec un profond bon sens qu'elle a choisi pour chef constitutionnel un ancien aide-de-camp de Dumouriez , qui était petit-fils de Henri IV et petit-neveu de Louis XIV ; c'est avec une haute raison qu'elle a transformé en jeune dynastie une vieille famille monarchique et populaire à la fois, pleine de passé par son histoire, et pleine d'avenir par sa mission. »

M. le vicomte Hugo, comme on le voit, détestait fort peu les *tyrans* et la *tyrannie.*

Plusieurs années se passèrent dans un échange mutuel d'excellents procédés ; M. Hugo continuait à être au mieux avec le Château ; il caressait un désir, objet de perpétuelles intrigues, de soupirs attendrissants ; — le poète brûlait de changer ses palmes d'académicien contre l'uniforme brodé de pair. — Ce costume faisait si bien ressortir une physionomie d'*'homme illustre.*

Enfin, en 1845, le roi qui cherchait à boucher un vide, récompensa sa longue attente, et le grand écrivain entra à la chambre haute, à côté d'un ex-marchand de soie et d'un éleveur de bestiaux.

Rien n'est stable, hélas ! sous le soleil. Qui eût pensé qu'une si parfaite entente cordiale entre le *roi* du romantisme et le souverain des Français devait se rompre brusquement, au moment où elle paraissait le plus solidement établie ? — A ses qualités conciliantes, Louis-Philippe joignait un malheureux préjugé, il était *rococo*, il était prude ; les mœurs *régence* de l'auteur de Ruy-Blas excitaient parfois ses bourgeois scrupules ; — le *bonhomme*, de plus, n'entendait rien à *l'art ;* la muse de la *peinture* vint brouiller les cartes.

Un beau matin, M. le vicomte Hugo, qui ne ressemble pourtant pas au dieu Mars, se trouva pris sous les filets de Vulcain. Le même jour, tout Paris se régalait de la chose, mais, à la cour citoyenne, on ne riait pas. Louis-Philippe comprenait, un peu tard, qu'un manteau de pair est trop court ou trop étroit pour couvrir certains vices de nature. Pendant que Vénus regagnait, en rougissant, le bocage conjugal, le dieu Victor, exilé de l'olympe, fut envoyé garder les vaches de la campagne de Rome, comme autrefois Apollon gardait les troupeaux d'Admète. Une pluie d'or éteignit à propos la colère de Vulcain, à qui l'on conseilla de se forger une armure à l'abri de ce genre de flèche. A-t-il réussi ?..... ce n'est pas notre affaire.

Quand Victor Hugo, le front chargé de scandales, reparut sur la scène politique, les souffles précurseurs de la tempête de février soulevaient déjà l'océan des passions engourdies pendant une longue trève. L'honorable pair se jeta haineusement dans l'opposition, pour venger la discrète correction qu'il avait subie. Par ses discours violents au Luxembourg, par sa participation aux clabauderies réformistes, aux brailleries des vieux libéraux, il hâta, de toutes ses forces, cette nouvelle catastrophe, qui nous a imposé la République. Il faillit, cependant, n'y pas trouver son compte.

Loin de se rallier au nouveau pouvoir sorti des faubourgs, le pair de France avait exhorté le peuple, dans l'après-midi du 24 février, à proclamer une régence, dont il espérait s'installer le favori. Mais sa voix se perdit dans l'air, et les élus de la plèbe vinrent trôner à l'Hôtel de Ville. Il espéra, un moment, que la prochaine Assemblée nationale s'empresserait de créer une restauration constitutionnelle. La Constituante, sous la pression de la peur, acclama la République, et la journée du 15 mai vint prouver à M. Hugo que le règne de la populace pouvait être de longue durée.

Aussitôt, sans perdre un instant, l'ex-vicomte se présenta, le même mois, comme candidat à une élection supplémentaire, et le royaliste *de la veille* qui réclamait *la régence*, écrivit dans une profession de foi ces phrases démocratico-romantiques :

« Je veux une République si *noble,* si *pure,* si *pacifique,* que toutes les nations soient tentées de l'imiter et de l'adopter. Je veux une République si *sainte,* si *belle*, que lorsqu'on les comparera à toutes les autres formes de gouvernement, (celles que M. Hugo déclarait la veille si admirables), elle les fera *évanouir* rien que par la comparaison. Vous me verrez me jeter sans le moindre calcul au devant des vieux partis qui veulent refaire un *mauvais passé*. »

Et cependant, c'est de ce mauvais passé que M. Hugo tenait son fauteuil d'académicien, sa place à la chambre des pairs, et le titre de vicomte.

M. Hugo n'a pas encore chanté le nouvel état de choses. Les 25 francs par jour valaient cependant bien un remercîment en vers. M. le vicomte préfère les payer en discours ; du reste, il est scrupuleux sur cette manière de gagner son indemnité, et quand leur longueur mythologique impatiente ou endort ses honorables collègues, il les débite *quand même* aux bancs et aux pupîtres de la grande salle du palais Bourbon.

Un dernier mot, lecteur, s'il vous plaît.

Voulez-vous savoir ce que le vicomte Victor Hugo, actuellement le confrère rouge des grands hommes qui siégent rue Saint-Spire, dans l'égoût socialiste, écrivait en mai 1848 ?

Ecoutez :

« Le *Socialisme* ou la république *rouge,* c'est tout un, car il abattra le drapeau tricolore sous le drapeau rouge ;

Fera des gros sous avec la colonne ;

Jettera bas la statue de Napoléon et dressera la statue de Marat ;

Détruira l'Institut, l'Ecole Polytechnique et la Légion d'Honneur ;

Ajoutera à l'auguste devise : *Liberté, Egalité, Fraternité,* l'option sinistre : *ou la mort;*

Fera banqueroute ;

Ruinera les riches sans enrichir les pauvres ;

Anéantira le crédit qui est la fortune de tous, et le travail qui est le pain de chacun ;

Abolira la propriété et la famille ;

Promènera des têtes sur des piques ;

Remplira les prisons par le soupçon et les videra par le massacre ;

Mettera l'Europe en feu et la civilisation en cendres ;

Fera de la France la patrie des ténèbres ;

Egorgera la liberté ;

Etouffera les arts ;

Décapitera la pensée ;

Niera Dieu ;

Remettera en mouvement ces deux machines fatales qui ne vont pas l'une sans l'autre, la planche aux assignats et la bascule de la guillotine ;

En un mot, fera froidement ce que les hommes de 93 ont fait ardemment, et, après l'horrible dans le grand que nos pères ont vu, nous montrera le monstrueux dans le petit. »

Autres temps, autres mœurs ; comme on n'a fait de M. Victor Hugo ni un préfet de police, ni un directeur des postes, ni un ambassadeur quelconque, M. Hugo prêche ouvertement le socialisme à la tribune parlementaire ; M. Hugo prépare chaque matin les torches qu'allume chaque soir son journal l'*Événement* ; M. Hugo lèche les blouses les plus crasseuses, dans l'espoir d'être élu président de la future *république sociale* ; M. Hugo fait assaut de cynisme avec M. Emile de Girardin, son compère. Ces deux grands hommes méconnus se passent mutuellement la casse et le séné, la trompette et l'encensoir.

Et pourtant, pourrais-je leur dire avec leur ami Proudhon : « Tenez, voulez-vous que je vous dise toute ma pensée? Je ne connais qu'un mot qui caractérise votre passé ; et je saisis cette occasion de le faire passer de l'argot populaire dans la langue politique. Avec vos grands mots de guerre aux rois et de fraternité des peuples ; avec vos paroles révolutionnaires, et tout ce tintamarre de démagogues, vous n'avez été jusqu'à présent que des *blagueurs*.

« Salut et fraternité. »

Carnot.

S'il faut choisir entre un citoyen riche,
lettré, et un brave paysan, ayant acquis
par l'expérience un genre d'instruction
qui vaut bien ce que l'on nomme l'éducation, le choix de l'électeur ne peut être
douteux. voilà ce qui doit être enseigné.

Circulaire de CARNOT, ministre de
l'instruction publique.

Le citoyen Carnot est né à Saint-Omer, en 1801,
du régicide fameux que l'avénement de Bonaparte au pouvoir condamna à la retraite, de même
que presque tous les révolutionnaires violents.

Conduit fort jeune en Allemagne, lorsque son
père fut banni par la loi de 1816 contre les assassins de Louis XVI, Hippolyte Carnot fit son éducation sous les yeux de l'ex-collègue de Marat,
et il puisa à cette source les notions de jacobi-
nisme qu'il développa, par la suite, avec une ardeur peu commune.

Réntré en France en 1825, Carnot utilisa bientôt les leçons paternelles ; inscrit à l'Ecole de
Droit, il servit d'intermédiaire entre les sociétés
secrètes de la *jeune Allemagne*, auxquelles il était
affilié, et les Carbonari, qui, dit un biographe,
entretenaient dans les Ecoles un foyer permanent
de conspirations républicaines.

Les complots laissaient néanmoins à Carnot des loisirs, qu'il remplit en se jetant dans la secte des saints-simoniens ; il trouva là ~~bonne~~ compagnie pour faire sauter ses écus ; Bazard et le célèbre père Enfantin étaient les prêtres de cette religion de fricoteurs, et Pierre Leroux, J. Reynaud, Didier, Buchez se faisaient changer d'assiettes par le nouveau néophyte, dans ces festins drôlatiques dont les novices faisaient les frais.

1830 arriva au milieu de la fermentation générale produite par ces réunions de tout genre, dont le but avoué ou secret était, en dernier ressort, le renversement du pouvoir. Les saints-simoniens que l'on avait crus jusqu'alors des fous pacifiques ou des débauchés sans opinion, s'armèrent en masse et prirent part aux *Trois glorieuses.* La lutte finie, Carnot qui avait eu l'insigne honneur d'être un héros de juillet, et qui s'était emparé d'une mairie, se nomma membre provisoire de la municipalité parisienne, et, en cette qualité, il proclama la monarchie de la branche d'Orléans.

Le nouveau pouvoir établi, on sut bientôt quelle était l'ambition des hommes qui avaient fait l'insurrection, de ces libéraux *désintéressés* qui, au nom des prétendues souffrances du peuple, avaient renversé un gouvernement dont ils n'espéraient rien. Tous les députés *patriotes*, tous les journalistes *intègres* s'attribuèrent, bon gré mal gré, des places splendides, et le fils du régicide qui n'était pas assez important pour *prendre sans rien dire*, sollicita du *roi* Louis-Philippe une mission à l'étranger avec le titre de chevalier de la Légion-d'Honneur.

Le saint-simonien, paraissant peu à craindre, fut congédié lestement. Carnot était rancuneux ; il cacha son dépit, se retira auprès de ses frères en *Enfantin*, et attendit l'occasion de se venger.

Pendant neuf ans, il se mêla de toutes les intrigues, se fourra dans tous les complots qui bouleversèrent le règne de Louis-Philippe. Rédacteur du *Globe*, journal *communiste*, membre influent, par les opinions exaltées qu'il affectait, de toutes les réunions *radicales*, flatteur intéressé de Lafitte et d'Arago dont il mendiait la protection, il parvint, après des efforts inouis, des bassesses sans nombre, à se faire élire député par les boutiquiers *libéraux* du 6e arrondissement de Paris.

Jusqu'en 1848, le Saint-Simonien siégea au Palais-Bourbon, faisant une opposition systématique aux différents ministères, s'associant à toutes les injures, à tous les discours furibonds qu'une gauche imperceptible jetait comme un défi à la face du pouvoir.

Quand arriva la catastrophe de Février, Hippolyte Carnot se lança dans l'insurrection, introduisant à la Chambre les bandes d'insurgés qui violèrent la représentation nationale, les excitant du geste et de la voix contre ces malheureux princes d'Orléans, dont le courage, digne d'une cause légitime, s'efforçait de reconstruire le trône brisé de leur neveu.

L'insurgé Carnot méritait bien une récompense : l'ex-disciple de Saint-Simon remplaça au ministère de l'instruction publique M. Narcisse de Salvandy.

Prodigieuse ironie des révolutions, cet homme, à la nullité duquel la dynastie de juillet refusait la moindre place, ce même homme est placé par une coterie dont il a partagé les chances, à la tête de l'administration la plus difficile de l'Etat, par l'intelligence et la moralité qu'elle réclame.

Voyons comment l'ancien décrotteur du père Enfantin s'acquitta de ses délicates fonctions. Commençons par les choix qu'il fit pour remplacer les nombreux employés dont il prononça tout d'abord la destitution, sous prétexte qu'ils n'étaient pas capables de le seconder dans ses plans de rénovation sociale.

Le nouveau ministre appela à son aide tous ses anciens amis, tous ces ex-apôtres de religions charlatanesques, tous ces hommes de lettres sans place, qui, jadis, collaboraient avec lui dans le *Globe*, aux dépens des badauds ; il s'entoura de tous les démocrates de la rue à prétentions littéraires ; son hôtel en fut encombré. Les salons élégants du ministère se remplirent d'anciens co-disciples indigents ; on voyait couchés sur les divans de soie, étalés sur des causeuses en velours, tout ce que Paris possédait alors de chapeaux pointus, de barbes longues et de souliers boueux.

Les promotions commencèrent ; tous ces oiseaux de proie s'abattirent sur les académies bouleversées, puis, quand de ce côté tout fut rempli, on fit main basse sur les emplois des différents monuments scientifiques de Paris, dépendant du ministère de l'instruction publique. On en chassa les vieux et honnêtes titulaires, pour y installer *des frères et amis.*

C'est ainsi que le citoyen Hauréau, le célèbre auteur du *Livre de la Montagne,* devint conservateur des manuscrits de la bibliothèque royale, en remplacement du savant Champollion-Figeac, brutalement destitué.

Le nom de Hauréau est tellement attaché à celui de Carnot, dont il fut le conseiller dirigeant, le rédacteur apocryphe de mesures absurdes, de circulaires désopilantes, que nous devons à nos lecteurs des révélations toutes particulières sur cet individu, qui posède encore actuellement une influence très-prononcée parmi la plèbe rouge, et a voix délibérative au conclave démoc-soc. — L'histoire sera longue, elle en vaut la peine. Après cette échappée, nous reviendrons à l'illustre Carnot.

Le *citoyen* Barthélemy Hauréau, qui appartenait à une famille de la plus mince bourgeoisie, après avoir écorné un tant soit peu le magot paternel, s'était lancé par suite de mécomptes, pendant son apprentissage de la société, dans le parti républicain, qui, à cette époque (c'était vers 1834), se recrutait volontiers de jeunes victimes qu'il se chargeait de styler.

Hauréau fit ses débuts littéraires dans la *Tribune*, journal-boutique de Marrast et de Germain Sarrut. La violence de l'écolier fit bientôt pâlir ses maîtres ; affilié à la société des *Droits de l'Homme*, partisan très-décidé de la Terreur, Hauréau publia peu de temps après son admission dans le cénacle, le *Livre de la Montagne*, apothéose de tous les assassins de 93, œuvre impure qu'un pouvoir vigoureux eût fait saisir comme attentatoire à la morale publique. Nous en citerons plus loin quelques extraits.

La Tribune tomba et entraîna dans son néant le farouche *citoyen* Hauréau ; — un passage d'un instant au *Courrier de la Sarthe*, journal incolore, lui servit de transition pour se vouer corps et âme au gouvernement de Louis-Philippe.

De là seul venaient les faveurs, et la caisse de l'Intérieur était si bien garnie !...

Monsieur Hauréau devint ministériel pur sang, et de sa plume la mieux taillée, il mit en lambeaux, dans le *Dictionnaire politique*, publication soldée par le pouvoir, les mêmes révolutionnaires qu'il avait jadis si bien déisés. Ceci se passait en 1840.

Après avoir donné ces gages de son retour à l'ordre, M. Hauréau partit, si nos souvenirs ne nous trompent pas, pour Bayonne, où il était envoyé, sur la recommandation de M. de Montalivet, diriger un journal de l'autorité avec les fonds du *Bureau de l'Esprit public*. Dieu sait quelle ferveur monarchique il y déploya.

Les mérites de l'écrivain, quoique grassement payés, ne lui parurent pas suffisamment appréciés, sans doute; — peut-être comme tous ses collègues rouges d'aujourd'hui, essuya-t-il un refus, sur quelque demande exhorbitante; — peut-être encore fut-il saisi par un remords de conscience à l'endroit de ses anciennes opinions; toujours est-il qu'après s'être proclamé *monarchiste à outrance* pendant plusieurs années, le citoyen Hauréau rentra avec des protestations de repentir sans nombre, dans le camp démagogique, s'y faisant précéder, très-prudemment, par une édition enluminée de son *Livre de la Montagne.*

Hauréau devint alors le factotum de Ledru-Rollin; il écrivit ses lettres, il composa ses discours, — quels discours, grand Dieu! et on consentit à le recevoir à la *Réforme.*

L'admirateur de Robespierre et de Couthon, quand vint la révolution de Février, avait contracté de la sorte bon nombre de liaisons utiles, parmi lesquelles celle de Carnot.

Après avoir guidé les premiers pas du nouveau ministre dans la carrière ; après lui avoir insufflé tous les moyens de désorganisation qui compromirent si fort l'instruction publique, maître Hauréau avisa qu'une sinécure à la bibliothèque royale devait être une excellente chose, et il prépara le décret qui le mit en possession du traitement lucratif et de toutes les prérogatives attachées à la place du pauvre vieux Champollion.

Arrivé là, l'ambition prit à l'agréable terroriste de grimper plus haut sur l'échelle sociale républicaine ; avec le patronage de Carnot, il se présenta aux électeurs ; et le double renégat fut élu représentant du peuple.

Le *citoyen* Hauréau a perdu son mandat, mais il a su, au milieu de tant de pouvoirs différents, garder sa place, et tandis qu'une foule de savants, d'hommes spéciaux sont dans un état voisin de la misère, le gouvernement continue une place lucrative à l'*anarchiste* qui, dans son LIVRE DE LA MONTAGNE, avait inséré ces phrases atroces :

« La TERREUR ÉTAIT VRAIMENT UN SYSTÈME ; c'était un parti pris FERMEMENT et RÉSOLUMENT ; une manifestation LÉGITIME de la SOUVERAINETÉ DU PEUPLE remise aux mains de quelques hommes, agissant pour lui ; il ne faut pas blâmer ceux qui sauvèrent la France PAR LE SANG ; mais, bien au contraire, les remercier de tout cœur de ce qu'ils voulurent bien prendre sur eux-mêmes la responsabilité du *meurtre et de ce qu'on appelle crime.* LA TERREUR EUT RAISON.

« Quand on décréta que Lyon serait rayée d'entre les villes, il fallait en finir ; les gens du roi devaient périr.

« LE COMITÉ DE SALUT PUBLIC PRIT UN PARTI SAGE, LA GUILLOTINE ! Collot d'Herbois à *Commune affranchie,* fut un des solides agents de la Terreur.

« Reverchon annonçait à la Convention la mort de 1,682 rebelles, et l'emprisonnement de 1,684 suspects. *Je dis qu'il n'y a pas là de quoi frémir, de quoi accuser même.* ET C'EST PLAISANT DE VOIR, VRAIMENT, COMMENT ON OSE CRIER SI FORT ET SI IMPUDEMMENT, CONTRE DES EXÉCUTIONS DE GUILLOTINE QUI PURGÈRENT LA TERRE D'ARISTOCRATES ET DE NÉGOCIANTS, pour asseoir définitivement le règne de la MORALE et de l'ÉGALITÉ ! ! ! »

Remarquez bien, lecteur, que M. BARTHÉLEMY HAURÉAU, l'auteur avoué de ces lignes infâmes, EST ENCORE A CETTE HEURE, pour la honte de la France, CONSERVATEUR DES MANUSCRITS DE LA BIBLIOTHÈQUE ci-devant ROYALE.

Il est vrai que maître Hauréau, qui tient fort à rester *conservateur*, déplore amèrement aujourd'hui ce flot de bile rouge que, dans l'imprévoyance de ses grandeurs futures, il a répandue au grand jour, et dont la Presse se sert à si juste titre contre le cynique écrivain ; il est vrai que son *Livre de la Montagne* a été retiré par lui du commerce, et qu'il offre CENT FRANCS de tous les exemplaires qui restent encore en circulation. — Nous appelons sur le développement d'aussi affreuses doctrines l'attention des hommes de cœur, tout en signalant l'impunité accordée au propagateur de semblables maximes.

Revenons au ministre de l'Instruction publique, à l'examen de ses actes.

Carnot le régicide, avait, pendant son passage au directoire, prêté son appui à l'établissement en France de la méthode de l'enseignement mutuel ; il voulait faire, des instituteurs primaires, des personnages importants, chargés d'élever la jeunesse dans les sentiments révolutionnaires sur lesquels vivait le pouvoir d'alors, chargés de fanatiser les masses ignorantes, la plèbe des villes, les paysans sans opinion, au profit des misérables qui se soutenaient par la terreur ; — son fils trouva sublime d'appliquer ces idées de 93 à l'organisation universitaire de nos jours.

Avec l'aide des *citoyens* Hauréau, Jean Reynaud et autres rénovateurs de ce genre, Carnot débuta par inviter officiellement tous les Tartempions du quartier latin à rédiger en style de la grande époque, des catéchismes démocratiques, et des manuels de *la sociale* pour écarlatiser les campagnes, pour ouvrir les yeux (*Circulaireréclame*) aux malheureux paysans sur les abus qui les écrasaient, pour leur faire donner la loi aux *aristocrates qui les tyrannisaient depuis si longtemps.* — Les longues barbes tressaillirent de joie, les chapeaux graisseux s'agitèrent en signe d'enthousiasme, les démo-crasseux littéraires poussèrent un long hurrah, et taillant toutes leurs plumes, ils s'attablèrent à l'œuvre pie.

Quinze jours après, des milliers d'immondes brochures partaient par les malles-postes, mises en réquisition, incendier les provinces. Elles étaient adressées à toutes les autorités ; aux commissaires de la République, aux maires, AUX CURÉS ! et surtout aux recteurs d'académie, avec injonction de les distribuer à leurs administrés, aux instituteurs, pour les lire et les commenter dans des réunions d'adultes convoquées à cet effet dans tous les villages, pour les faire apprendre aux enfants, en place du résumé de la doctrine chrétienne. Plusieurs de ces fonctionnaires, des recteurs en grand nombre, après avoir pris connaissance de la chose, préférèrent envoyer leur démission plutôt que de répandre ces poisons dans le peuple.

Le ministre de fabrique nouvelle se sentait pour cette entreprise *patriotique* des entrailles de père ; il constatait avec amour tous les progrès de la croisade démo-crétinique, et les résultats en étaient par ses soins consignés au *Moniteur*, comme un défi jeté à ces gens *arriérés*, incrédules de la religion du désordre.

Nous donnons ici un curieux échantillon de la prose Carnotique, inséré au journal officiel du 25 mars 1848.

« Le *citoyen* Ducoux, commissaire du gouvernement, dans le département de Loir-et-Cher, a donné de sa main, à ses administrés, un grand nombre de ces *memento du patriote*, sous le titre de *Catéchisme républicain*, ou *Manuel du peuple*. Nul doute que ce petit écrit ne produise *de bons fruits;* car il est court, substantiel et CLAIR.

« Le peuple y trouvera une *excellente explication du régime constitutionnel*; ce régime qui, *s'il ne l'exploite en esclave*, au moins le délaisse pour tout diriger dans l'État, à la satisfaction des intérêts oligarchiques.

« Enfin, comme il est bon que les travailleurs des villes et des campagnes touchent du doigt les réformes qu'ils ont à attendre du gouvernement de la *fraternité*, le *citoyen* Ducoux leur annonce qu'à *l'avenir l'impôt pèsera particulièrement sur les riches*, et que la République saura assurer du travail à l'homme valide, un asile et du pain aux malheureux, l'aisance et l'instruction à tous. »

Nous ajouterons, pour corollaire, à ce récit du *citoyen* ministre, que l'effet produit dans certaines contrées par ces bienheureux catéchismes a été tel, que depuis deux années, dans la Vendée, cette terre classique du respect aux institutions, et dans le nord surtout, les fermiers se refusent, sous tous les prétextes possibles, à payer les arrérages de leurs terres, prétendant qu'il est bien temps pour eux de garder les fruits de leur travail, et que, du reste, *d'ici à peu*, la VRAIE République, celle qu'on leur a promise après février, devant triompher incessamment, et les mettre en possession du sol qu'ils ont fécondé, ils seront libérés de la sorte.

Le temps s'écoulait pendant ces innovations agréables; les élections pour l'Assemblée constituante allaient avoir lieu. Le *citoyen* Carnot ne pouvait laisser passer une aussi belle occasion de faire de la propagande *égalitaire*, tout en délayant son interminable faconde aux recteurs de province, ses victimes hiérarchiques. De nombreuses circulaires parurent coup sur coup, recommandant aux membres de l'Université de se faire *courtiers électoraux* des candidats *rouges*, et d'ouvrir des clubs pour prêcher aux provinciaux ingénus le besoin d'une représentation nationale démocrate dans *un pays essentiellement démocrate*, et pour leur faire *rejeter* tout individu s'élevant par ses mœurs, son éducation, sa fortune, au-dessus de la canaille insurgée.

« Il existe à cet égard, disait maître Carnot, dans beaucoup de campagnes, des *préjugés* que les instituteurs primaires, dans leur enseignement aux adultes, devront s'attacher à détruire, par l'effet de l'ascendant que donne trop souvent sur l'esprit des pauvres cultivateurs le prestige de l'opulence et des manières du grand monde. On s'imagine que les citoyens de la condition la plus basse ne sont pas aussi propres aux éminentes fonctions de la représentation nationale que les citoyens doués d'une condition plus heureuse. Il y a là une sorte de confusion *qu'il est essentiel d'éclaircir*.

« *La supériorité, dans ce que le langage vulgaire nomme trop superficiellement l'education, n'est qu'une condition du dernier ordre;* la première condition pour être digne de l'Assemblée, c'est l'identité de sentiment avec la MASSE.

« A côté de ce point tous les autres s'abaissent, rien ne peut le balancer. S'il faut choisir entre un citoyen riche, lettré, aveuglé par des intérêts différents de ceux de la MASSE, et un brave paysan ayant acquis par l'expérience un genre d'instruction qui vaut bien ce que l'on nomme *l'éducation*, le choix de l'électeur ne peut être

douteux, VOILA CE QUI DOIT ÊTRE EN-
SEIGNÉ.

« La Convention a compté dans son sein ce
qu'on appelle des paysans, et s'en est bien trou-
vée ; pourquoi l'Assemblée de 1848 n'aurait-elle
pas le même avantage ? Le danger que les amis
sincères de la République peuvent redouter, n'est
pas qu'il y ait dans l'Assemblée trop peu de lettrés, c'est plutôt qu'il y ait trop peu de gens de
pratique dévoués aux intérêts de la classe la plus
nombreuse et la plus pauvre.

« *Pour conjurer ce danger*, il faut que, dans
l'enseignement *révolutionnaire* qui va s'*improvi
ser* dans toute la France, on soutienne, comme il
doit l'être, le principe *fondamental* de la représentation.

« Le ministre de l'instruction publique doit
compter sur les hommes qui, pour n'avoir pas
dépassé le niveau de l'instruction primaire, n'en
sont pas moins dignes, *malgré le defaut de ce
que l'on nomme éducation* et fortune, de figurer
parmi les éléments *précieux* de l'Assemblée
nationale. »

Étonnez-vous, après cela, de ce que des Miot,
des Nadaud, des Richardet, des Greppo, nous
gâchent, aux rires de nos voisins, des lois à 25 fr.
par jour.

L'ex saint-simonien, qui voulait à toute force
laisser des traces de son passage au pouvoir de

contrebande, ne se contenta pas de ces absurdités sans nom. Après avoir désorganisé l'enseignement du peuple, l'étrange ministre tenta de jeter la confusion dans les études supérieures, sous prétexte de *démocratiser* les fils de la bourgeoisie. Il réclama pour cette besogne, tout-à-fait de leur goût, le concours des Michelet, des Quinet, et autres athées révolutionnaires. Ceux-ci se mirent au travail avec bonheur, et fabriquèrent des décrets qui proscrivaient la religion, la morale, comme *choses passées* et *de mauvais goût*, — qui donnaient aux hautes études une direction sérieuse, c'est-à-dire qui répudiaient les cours de philosophie, de littératures comparées, de sciences élevées, qui font la gloire des Écoles françaises, pour y substituer le développement des doctrines impies de ces Messieurs, pour *sans-culottiser* la jeunesse destinée un jour à gouverner l'État ; — tous ces beaux projets furent confectionnés, discutés, prêts à être appliqués, et un jour Carnot, rayonnant, annonça à ses admirateurs à gages, « que *la France allait changer de face.* »

Un seul obstacle s'opposa à l'application immédiate de ces mesures copiées de la Convention, de Carnot père, de l'École de Mars, des prytanées républicains, etc. Le conseil de l'Université, composé d'honnêtes et consciencieux professeurs, ne fit aucune observation, mais opposa une force d'inertie invincible, et quand Carnot tomba du ministère; quand le torrent insurrectionnel se fut écoulé, pas un des fameux décrets n'avait été mis en vigueur.

Au moment où les hommes de février, chassés par l'Assemblée nationale, s'évanouirent du pouvoir; quand tous ses patrons se retirèrent, le citoyen Carnot fut le seul qui sut escamoter l'orage. Le ministre de l'instruction publique passa au *National*, et le général Cavaignac le continua dans ses fonctions, seul de ses collègues d'avant juin. On eût cru qu'il était immobilisé dans le cabinet.

La chute du grand maître de l'ignorance publique eut lieu en pleine dictature, dans des circonstances si singulières, avec des particularités tellement inusitées, que nous devons les raconter tout au long.

Le mois de juillet était arrivé. Carnot, dont l'influence sur l'esprit de M. Cavaignac s'expliquait facilement par la similitude de leur souche régicide, par d'anciennes liaisons avec l'aîné des Cavaignac, Carnot s'enracinait de plus en plus à la rue de Grenelle, et, agissant en maître absolu, il présentait à l'Assemblée des projets de loi sur certaines branches de son administration, les retirait, les présentait de nouveau, et, se croyant inébranlable, annonçait à haute voix les principes et les opinions étranges que nous avons développés, sans s'inquiéter des mécontentements que sa conduite provoquait parmi les membres de bonne société, de la représentation nationale. Ce mécontentement se traduisit enfin par des actes hostiles.

Le 6 juillet 1848, le citoyen Carnot communiquait à l'assemblée un projet de loi ayant pour but de mettre en ses mains une somme d'un million, destinée, disait-il, à soulager la condition peu fortunée des instituteurs primaires, à mettre le ministre à même d'appliquer à l'enseignement différentes idées, selon lui, très-efficaces.

L'assemblée entendit dans un calme parfait la lecture de l'exposé des motifs ; un membre demanda la parole sur la discussion du crédit demandé ; il s'exprima en ces termes :

M. Bonjean. « C'est pour nous un devoir rigoureux, lorsqu'on nous demande des mesures ou des fonds pour le développement de l'instruction, de nous enquérir si la direction donnée à l'enseignement est celle qui est la plus désirable dans l'intérêt du pays.

« Or, je me suis demandé à l'occasion du projet actuel, à l'occasion de cette loi transitoire, si la direction donnée à l'instruction primaire par M. le ministre actuel de l'instruction publique était celle qui est la plus désirable dans l'intérêt du pays.

« Je n'entends pas entrer ici dans une discussion étendue ; mais je désire, avant de voter, adresser quelques questions à M. Carnot.

« Je ne vous parlerai pas des circulaires de M. le ministre de l'instruction publique. Vous les avez toutes lues, et, sur toutes, vous avez pu porter un jugement éclairé.

« Mais on a distribué à tous les instituteurs primaires de France, au nom et par les ordres du ministre, des écrits tellement DANGEREUX ; des écrits tellement DÉTESTABLES, qu'avant de voter les fonds qui nous sont demandés, j'éprouve le besoin de conscience de demander à M. le ministre de l'instruction publique s'il est vrai, OUI ou NON, qu'il ait autorisé les écrits qui ont été distribués en son nom, qui ont été publiés sous ses auspices.

« Voici un écrit intitulé : *Manuel républicain de l'homme et du citoyen, publié sous les auspices du ministre provisoire de l'instruction publique ;* il se vend à Paris, chez Pagnerre, éditeur.

« Or, messieurs, je dois le déclarer, s'il était vrai que ce livre eût été adressé à tous les instituteurs de France pour en faire en quelque sorte le texte de leur enseignement aux enfants de nos écoles, je dis que je serais très-disposé à refuser toute espèce de concours à M. le ministre de l'instruction publique. Et si vous voulez entendre la lecture de quelques passages, je crois que vous partagerez mon opinion.

« Le Chapitre VII traite de la propriété, et,

après beaucoup de développements que je passe, l'élève s'adresse au maître et lui dit :

« Existe-t-il au moins des moyens d'empêcher les riches d'être oisifs et les pauvres d'être *mangés* par les riches ?

« Et l'instituteur entre dans l'esprit de l'élève ; il répond :

« Oui, il en existe et d'excellents. Les directeurs de la République trouveront ces moyens aussitôt qu'ils voudront sérieusement pratiquer la fraternité.

« L'instituteur dit alors que l'oisiveté sera difficile au riche ; et la raison en est simple, il l'explique dans ce qui suit : *C'est que bientôt il n'y aura plus de riches.*

« Je continue.

« *L'instituteur.* La loi peut imposer toutes sortes de conditions à ceux qui ont la terre, et même les exproprier, s'ils en font un mauvais usage. *Quant à ces grands propriétaires que vous avez raison de craindre,* sachez que s'ils payaient à la République un impôt convenable et de bonnes journées à nos travailleurs, ils se verraient bientôt *obligés pour la plupart de vendre leurs terres* a des *citoyens* qui en tireraient un meilleur parti qu'eux. *On fera des lois pour cela* QUAND ON VOUDRA.   (Mouvement).

« Voilà la morale qu'on enseigne aux enfants de nos écoles.

« Dans le chapitre VIII on traite, pour les écoles primaires, de la fameuse question de *l'Organisation du travail*, et voici ce qu'on en dit :

« *L'élève*. La liberté de l'industrie a donc causé de grands maux ?

« *L'instituteur*. La liberté de l'industrie a amené la concurrence illimitée à sa suite ; or, la concurrence illimitée a produit l'abaissement des salaires, la fraude dans le commerce, enfin la ruine des pauvres et l'enrichissement des riches ; si bien, qu'au moment où le peuple de Paris a chassé son dernier roi, la liberté de l'industrie n'était plus qu'un mot, et le monopole triomphant donnait à la France une aristocratie nouvelle plus dangereuse que la première.

« *L'élève*. La République a donc le droit d'intervenir dans le règlement des prix et des salaires ?

« *L'instituteur*. Sans doute, elle a ce droit. Elle l'exerce au nom du peuple. Que serait, que pourrait être un industriel ou un négociant sans le travail du peuple, et sans la protection de la République ? La République, en assurant au commerce et à l'industrie leur liberté, acquiert par là même le droit de soumettre cette liberté à toutes sortes de conditions tirées de l'intérêt commun. C'est ce qu'on appelle l'*Organisation du travail*.

« Et puis enfin, et vraiment j'ai quelque pudeur à le dire, dans un des chapitres suivants, savez-vous de quoi l'on parle, savez-vous quelles sont les autres questions sur lesquelles on disserte *à l'usage des enfants* de ces écoles primaires ? Ce sont les questions de la *femme*, du *mariage* et du *divorce*.

« Or, si je suis bien informé, *quinze mille exemplaires* de ce livre *ont été achetés par le ministre de l'instruction publique* ; ils ont été envoyés aux recteurs *pour être distribués aux instituteurs.*

« Eh bien ! je dis que si c'est ainsi que M. le ministre comprend la direction de l'enseignement pour les enfants de nos écoles, loin de voter le million qu'on nous demande pour encourager un pareil enseignement, je serais très-disposé à le refuser ; mais j'ai cru devoir agir loyalement en priant M. le ministre de l'instruction publique de vouloir bien nous dire nettement, *catégoriquement*, par un OUI ou par un NON, s'il *accepte* ou s'il *repousse* de pareilles doctrines. »

Après un discours aussi franc, aussi explicite, savez-vous ce que répondit le *citoyen* Carnot pour sa défense, quelles explications de principe il donna ?

« LE CITOYEN MINISTRE. Lorsque je suis arrivé au ministère de l'instruction publique, *je sortais des barricades* de février.......

« M. SARRANS. Vous étiez avec nous à la Chambre ! ....,

« Carnot. Je répète, *citoyens*, que *les barri-cades de février m'ont porté au ministère*, et c'est là, je ne dois pas me le dissimuler, la cause de *certains ressentiments.....*

Après cet exorde distingué, le *citoyen* ministre débita un long plaidoyer dans ce sens, terminant par une brillante apologie de tous ses catéchismes en général, et du *manuel* en particulier.

Mais la cause de l'enseignement révolutionnaire était perdue. M. Bonjean développa un amendement à ses collègues attentifs ; il proposa, sur le crédit du million demandé pour les instituteurs, une réduction de cinq mille francs, significative comme l'expression d'un blâme, d'un *vote de défiance* pour le ministre de l'instruction publique, dont les explications n'avaient fait que développer des principes attentatoires à la morale publique, au bon ordre de la société. — « L'Assemblée nationale, dit-il, veut-elle les doctrines de ce livre ? Qu'elle accorde la totalité du crédit, qu'elle rejette l'amendement. Mais si ces doctrines lui paraissent comme à moi *anti-sociales*, elle votera la réduction comme un témoignage du mécontentement qu'elle éprouve d'une pareille direction donnée à l'instruction publique. »

Ce langage énergique produisit un effet spontané. L'assemblée prononça le vote de défiance, et le *citoyen* Carnot se retira, l'oreille basse, devant une réprobation aussi sévère, pour aller remettre sa démission au chef du Pouvoir, tout stupéfait qu'on expulsât de la sorte son co-frère en régicide.

Le *citoyen* Cavaignac n'a pas suivi de bien loin son ami Carnot ; mais les écuries d'Augias ne sont pas encore purifiées : avis à M. Barthélemy Hauréau.

Edgard Quinet.

> La liberté et la religion sont incompatibles. Tout peuple qui identifie sa destinée avec celle de l'Eglise est un peuple perdu.
>
> E. QUINET.

Ce qui distingue M. Quinet des révolutionnaires sans originalité qui peuplent notre législative, ce qui attire sur sa personne et sur ses œuvres la curiosité des hommes littéraires, ce n'est ni la science mystique dont il fait parade, ni l'éloquence de son style pâteux et lourd ; — c'est quelque chose d'inique, de monstrueux, d'absurde, à notre époque sinon de croyance, du moins d'une tolérance parfaite envers les opinions religieuses ; — ce qui compose le fond du sac de M. Quinet, ce qui a produit sa renommée de singulière forme, — c'est l'athéisme ; — c'est-à-dire la négation absolue de toute divinité, par conséquent de toute religion, de toute aspiration vers un monde meilleur, dont il fait pratique.

Ce qui attira des auditeurs aux cours de M. Quinet, des lecteurs à ses ouvrages, c'est cette croisade impie contre la foi nationale ; c'est ce système d'injures perpétuelles, d'attaques passionnées et brutales contre les ministres de nos cultes, contre l'alliance de l'autorité religieuse avec le pouvoir, seul principe d'ordre et de paix dans un État, — qu'on écoutait froidement comme le débris d'un autre âge, comme un fantôme ressuscité des incendies de la Réforme, des assassins des prêtres, des sectaires de la *Raison*, sous la terreur qui proscrivit Dieu.

Aussi, voyez avec quelle persistance M. Quinet, tout glorieux d'avoir saisi dans ce siècle de concurrence, une veine inexploitée, voyez avec quel esprit de suite l'auteur du livre des *Jésuites* continue ses attaques destructives de tout lien moral, de toute croyance consolatrice, de tout respect de la part du peuple pour l'autorité, en tuant le dogme qui lui conseillait la soumission. — Voyez avec quel entêtement profitable il a poursuivi ces idées désorganisatrices dans l'*Ultramontanisme* et dans ce livre infâme : *le Christianisme et la Révolution française*, qui jeta l'alarme même au sein des gouvernants matérialistes, libéraux parvenus de 1830, et qui fit chasser l'athée de sa chaire du Collége de France.

M. Quinet se trouva de la sorte, après la révolution de 1848, tout naturellement sympathique à l'émeute ; le professeur anarchiste fut porté avec acclamations, par les insurgés, à la représentation nationale.

Pendant deux ans, satisfait sans doute de sa fortune, l'écrivain athée sommeilla ; pas un discours, pas une ligne ne sortirent de cet antagoniste de l'ordre, jadis infatigable. D'officieux amis l'avertirent: un danger le menaçait, — l'oubli. L'indifférence possible de ses anciens prosélytes tira le philosophe venimeux de sa torpeur, et nous avons récemment vu paraître le livre de l'*Enseignement du peuple*, ramassis alambiqué de toutes ses vieilles doctrines, que nous signalons à l'animadversion des honnêtes gens.

Un de nos confrères les plus distingués de la presse, s'exprime en ces termes sur l'œuvre immorale que M. Quinet déclare destinée à éclairer les masses sur la situation politique de la France, sur les besoins qu'éprouve la révolution pour se développer :

M. Edgar Quinet a publié le livre de l'*Enseignement du Peuple*, pour prouver :

1° Que la révolution de février a échoué parce que les auteurs de cette révolution n'ont pas osé rompre avec le catholicisme, écraser l'infâme, comme on disait au dix-huitième siècle ;

2° Que les révolutionnaires qui gardent encore

quelque ménagement pour la religion catholique et le clergé, se préparent des échecs infaillibles ;

3° Que la prochaine révolution, dont il annonce l'avénement inévitable, doit commencer par déclarer la guerre au catholicisme et excommunier l'Eglise de toutes les libertés temporelles ;

4° Que si la France ne veut pas renier sa religion, la transformation sociale prêchée par les révolutionnaires ne s'en accomplira pas moins ; mais qu'alors notre patrie perdra sa nationalité, et que les Russes, nous accablant sous une nouvelle invasion, viendront eux-mêmes, ouvriers du progrès et instruments de la Providence, inaugurer sur la France morte l'ère du socialisme.

Voilà, en quatre mots, le signalement du livre impie et parricide de M. E. Quinet, représentant du peuple.

Pourquoi, nous dira-t-on, dénoncer d'aussi repoussantes extravagances, et qui est-ce que ce M. Quinet dont vous voulez nous faire peur ?

Pourquoi nous dénonçons ce livre ? C'est parce qu'il a trouvé des échos sympathiques dans une portion du monde universitaire ; parce qu'il satisfait les haines et les aspirations maladives d'un nombre considérable d'hommes qui ne se consolent pas d'avoir perdu, et qui espèrent usurper encore le monopole de l'enseignement. C'est parce que ce livre est un poison versé aux sources où va s'abreuver la jeunesse française.

Qu'est-ce que M. Quinet dans son individualité ? nous allons le dire.

M. Quinet est un écrivain inconnu de la masse du public; mais il est un instrument merveilleusement adapté à la sourde propagande reprise aujourd'hui par le parti révolutionnaire. M. E. Quinet est un de ces écrivains qui habillent gravement leur intelligence, comme les fous composent leur costume, avec des étoffes de toute sorte et toutes les couleurs de l'arc-en-ciel. Au moral, M. Quinet est de tous les pays : c'est quelque chose d'allemand, d'anglais, de slave, d'italien et d'hindou; mais jamais un rayon de la précision et de la netteté française n'a pu percer ce fatras. Au point de vue littéraire, les œuvres de M. Quinet, quand il ne prêche pas l'athéisme, auquel cas il est très-intelligible, sont un amalgame de tous les genres et de tous les styles : il mêle et brouille ensemble la politique, la philosophie et la poésie, et il ne réussit à être ni poète, ni philosophe, ni politique. Il est de la famille de ces pédants stériles et majestueux, qui parlent toujours le sourcil froncé et la voix tonnante : esprits creux et vagues qui se repaissent de vent comme le pluvier ; qui prennent la sonorité des mots pour la profondeur des idées ; qui, n'ayant jamais rien pensé, se décernent à eux-mêmes le nom de penseurs. Il s'est fait connaître en littérature par un poëme en prose sur le Juif errant, daté de trois mille cinq cents ans après la fin du monde, où les poissons font la conversation avec les cigognes, et par un poëme rimé sur Napoléon, où les tambours chantent des chœurs, et où les canons fredonnent des couplets. Ces œuvres n'auraient laissé autour de son nom, parmi les lettrés, qu'une célébrité ridicule, si M. Quinet n'était devenu l'idole des étudiants de dixième année, des universitaires voltairiens, et des nigauds de tous les âges, par ses prédications furibondes contre les prêtres.

A ce titre, quoique M. Quinet eût recherché les faveurs de la famille royale, quoiqu'il ait été nommé professeur de faculté par M. de Salvandy, et chevalier de la Légion d'honneur par le roi Louis-Philippe, M. Quinet n'a pas laissé de jouer un rôle parmi les préparateurs et les fauteurs de la révolution. La révolution lui a été reconnaissante, elle l'a fait représentant.

Tel que nous venons de le peindre. M. E. Quinet est, à cause des défauts même de son talent, un adversaire dangereux. Cette masse d'esprits vagues, flottants, orgueilleux, que l'instruction universitaire a frottés d'un demi-savoir littéraire; ces énervés qui restent toute leur vie incapables de penser pour leur propre compte; ces jeunes gens que la verroterie des mots éblouit et qui se pâment d'enthousiasme devant les périodes ronflantes et l'érudition frelatée, tout ce public, hélas ! trop nombreux, compose pour l'amphigouri de M. Quinet, une assistance d'admirateurs et de sectaires ; ce public, croyez-le, recueillera, couvera, disséminera et fera éclore dans les faits, si notre aveuglement et notre lâcheté le permettaient un jour, les idées fausses et les monstrueuses rêvasseries de l'*Enseignement du Peuple*.

Nous avons indiqué plus haut les quatre points fondamentaux du livre de M. Quinet. Après cela, toute réfutation devient inutile. Pour battre ces esprits faux, il suffit de les contraindre à se préciser. Nous nous contenterons donc de prouver par quelques citations que la pensée de l'auteur n'a point été tronquée.

D'abord, c'est en vue d'une révolution nouvelle que travaille M. Quinet : « Certain, dit-il, que les obstacles ne serviront encore une fois qu'à élever la révolution française à une nouvelle puissance, et qu'il faut déjà songer à organiser une victoire inévitable, je veux chercher ici sur quel principe devra être établi l'enseignement dans la démocratie. »

Or, M. Quinet affirme que si la révolution de Février a trahi les espérances de ses auteurs, cela vient des ménagements que cette révolution a gardés envers le catholicisme et envers l'église.

« Je n'envisage pas, dit-il, ce que l'église romaine est ou n'est pas dans le royaume invisible ; mais je dis, j'affirme qu'au seul point de vue temporel, tout peuple qui identifie sa destinée avec celle de l'église est un peuple perdu. »

C'est pourquoi, dès les premiers jours, M. Quinet assure qu'il regarda la révolution de Février comme une révolution perdue : parce que le peuple alla chercher des prêtres pour faire bénir les arbres de la liberté, et parce que l'Assemblée constituante repoussa le projet de loi de M. Crémieux contre le divorce !

Ces égards de l'État pour l'Église, de la France pour sa religion patrimoniale et séculaire, M. Quinet les appelle *une cause de servitude volontaire*, déclarant que jamais peuple ne sera libre s'il ne brise cette servitude.

Croit-on maintenant qu'il ne soit pas d'une importance véritable pour la société d'être mise au courant des secrets enfermés dans les publications philosophiques des révolutionnaires. Dans le sanctuaire, dans les entrailles, dans l'âme de ces doctrines qui entraînent les multitudes à la sédition, voilà ce qui couve et ce qui fermente. Il ne s'agit pas seulement d'institutions politiques à renverser, d'institutions économiques à remanier ; non, il faut détruire la religion nationale, et contempler dans l'avenir, « pour permettre au dogme de se précipiter dans les faits, » la destruction de la patrie elle-même. Et celui qui nous a fourni cette révélation sur l'intime pensée de sa secte n'en est pas le plus insensé ; il en est le plus logique et le plus franc. Comment, en effet, ces hommes-là ne feraient-ils pas bon marché de la patrie, quand ils commencent par renier la religion ? Qu'est-ce que cette pas sion fervente, le patriotisme, que l'esprit révolutionnaire est en train de chasser du cœur des masses ? Est-ce l'amour d'un mot ? La patrie, c'est l'existence entière d'un peuple, c'est son génie grandi par ses succès, éprouvé par ses revers, animé par sa religion, incarné dans ses lois séculaires.

Mais quand vous enlevez à un peuple le culte de son passé, quand vous lui arrachez sa religion, quand vous rompez avec ses institutions anciennes, quand vous voulez repétrir ce peuple dans le moule d'une utopie, que pouvez-vous aimer en lui? Quel aliment reste-t-il à l'amour de la patrie ! et ne devez-vous être conduits à préférer enfin votre utopie à ce peuple? Telle est la dernière des apostasies politiques auxquelles soient condamnés les révolutionnaires. Déjà vous les avez vus établir un parallèle impie entre la naissance du christianisme et l'avénement du socialisme ; ils pousseront jusqu'au bout le parallèle. L'invasion des barbares fut nécessaire à la diffusion du christianisme et au rajeunissement de l'ancien monde. Pour que la ressemblance soit complète, le socialisme compte sur les Russes.

Lamennais.

> « Qne les jours de juin soient glorifiés !
> Le capital proscrit ! La propriété volée !
>
> « Que la guerre à la religion et au
> clergé commence !
>
> « Que la haine de la bourgeoisie soit
> proclamée sainte !
>
> Que l'exaltation des instincts pervers
> et des intérêts matériels soit prêchée par
> toute la terre !
>
> « Qne les passions envieuses, la lutte
> contre les lois, les institutions de la so-
> ciété soient récompensées et encouragées !
>
> « Que le cataclysme s'accomplisse !
>
> « Que l'anarchie, avec toutes ses consé-
> quences, arrive ! »
>
> *Pater social* de l'abbé CHANTÔME (Voir
> *l'Ami du peuple*, 2 mai 1850.

« Il existe, au milieu des sociétés modernes, un homme qui n'a point de famille, mais qui est de toutes les familles ; — un homme qu'elles appellent comme témoin, comme conseil et comme guide dans les actes principaux de la vie ; — un homme qui reçoit l'enfant du sein de sa mère, pour le soutenir sur les sentiers divins jusqu'à la fin de ses jours ; qui sanctifie le berceau et la tombe, la couche conjugale et le lit funèbre ; — un homme que les petits enfants aiment et ré-vèrent ; que les inconnus appellent « *mon pére ;* » qui ouvre son cœur aux aveux les plus intimes et aux larmes secrètes ; — un homme qui est, par sa mission, le consolateur de toutes les misères de l'âme, de toutes les souffrances du corps ; qui attire à lui, tour à tour, le riche et le pauvre : le riche, pour verser l'aumône sainte dont Dieu tient compte, et le pauvre pour l'accepter sans rougir ; — un homme qui, n'étant d'aucun rang social, se lie à toutes les classes : aux classes inférieures, par l'humilité de sa vie ; aux classes élevées, par sa science des choses de la terre et des choses du ciel. »

Pilote sauveur envoyé à la civilisation, et qui domine toutes les intelligences, par l'esprit et l'autorité qu'il a reçue d'en haut, cet homme, c'est le Prêtre. L'histoire de cet homme éternel, c'est l'Évangile vivant : c'est le testament du Christ qui se renouvelle sans cesse.

La vie de l'abbé Lamennais nous offre-t-elle ce vénérable caractère ?

Victor Considérant (cette autorité pour nous en vaut bien une autre), lui adressait un jour, dans son journal, cette mémorable apostrophe :

« Prêtre qui parlez si haut de votre amour pour les nations ; qui venez, prétendez-vous, avec une mission de fraternité, relier entre les hommes le pacte social que Dieu leur avait créé à l'origine des temps, quel doigt vous a marqué au front du signe des prophètes ?

« Qui êtes vous ?

« Nous vous avons vu, tour à tour, défenseur

de l'église romaine et rédacteur hardi d'un journal censuré par Rome ; prêtre réprimandé, mais soumis encore à l'autorité pontificale. Puis, vous avez jeté au pape et à l'univers catholique votre révolte superbe, dans un cas qui a ébranlé l'Europe. Puis, violent révolutionnaire, audacieux tribun, on eût dit que vous alliez renouveler la face de la terre. Puis, quand après des jours de calme et de silence, vous avez reparu sur la scène avec un manifeste de journal qui devait clore peut-être le cercle de vos variations, et découvrir enfin l'énigme de votre pensée, — nous avons trouvé cette pensée enveloppée de vague et d'incertitude, sa marche indécise et sans direction ; et l'homme, embarrassé de ses caractères divers, prêtre, philosophe, chrétien, prophète, tribun, rationaliste, politique, socialiste, — l'homme sans doctrines réelles, sans convictions fondamentales, est tombé, d'échelon en échelon, des hauteurs de l'intelligence sur l'écueil des divagations républicaines. »

Cette mercuriale un peu verte date des jours où M. Considérant faisait patte de velours au gouvernement de Louis-Philippe, dans l'espoir d'être nommé, par l'influence ministérielle, député du Bas-Rhin. Elle date de ce livre fameux dans lequel le même Considérant disait aux républicains : « Vos œuvres à vous, les voici : cinq millions de jeunes gens égorgés sur les champs de bataille ; douze milliards pris à la noblesse et au clergé, et grugés par la révolution ; trente-cinq mille têtes coupées ; l'Europe bouleversée de fond en comble ; le pouvoir social sapé dans sa base, etc., etc. Pitié ! pitié ! car c'est sur ces décombres encore amoncelées dans nos villes, c'est sur ces cadavres que les vers n'ont pas achevés de ronger, que des rhéteurs, amoureux de popularité, s'en viennent perfidement caresser les passions démocratiques de la jeune génération. »

Nous savons ce qu'est aujourd'hui M. Considérant. Voici ce qu'était et ce qu'est devenu le précurseur de l'abbé Chantôme, de l'abbé Châtel, de l'abbé Mont-Louis, de l'abbé Constant, et de tant d'autres honnêtes gens *ejusdem facinæ*.

Robert Félicité Lamennais est né à Saint-Malo, le 16 juin 1782. Privé de sa mère, à l'âge de sept ans, il fut élevé par un oncle voltairien dont la bibliothèque philosophique fut le premier poison qui s'infiltra dans l'âme du futur démagogue. Les événements de la révolution retardèrent jusqu'à vingt-deux ans la première communion du jeune Lamennais. Son père le destinait au commerce, mais ne put l'y décider. Après un court essai, le jeune homme, qui préférait l'étude, obtint une place de professeur de mathématiques au collége de Saint-Malo, et pendant les loisirs de cet emploi, fit paraître, en 1808, un écrit intitulé : *Réflexions sur l'état de l'église.* Cet ouvrage, qui révélait une âme indépendante et des tendances critiques assez hos-

tiles au régime qui avait remplacé la première république, fut saisi par la police impériale. Lamennais,
qui avait gardé rancune au despote, applaudit à sa
première chute. Pendant les Cent-Jours, il se réfugia en Angleterre, d'où il revint avec la deuxième
Restauration. Sans fortune et sans avenir dans le
monde, il se fit prêtre, en 1816, et cherchant les
moyens de s'y créer une carrière, il publia, dès
l'année suivante, le premier volume de l'*Essai sur
l'indifférence en matière de religion*. Cette nouvelle
œuvre fut accueillie par l'admiration publique.
L'église crut voir ressusciter en l'abbé Lamennais
le génie de ses plus illustres docteurs. Le second
volume parut en 1819. L'auteur y proposait de
substituer le *sens commun* à l'*évidence cartésienne*,
comme *criterium* de la vérité. Cette innovation sco-
lastique souleva contre l'abbé Lamennais de violentes critiques. Ses supérieurs l'accusèrent de té-
mérité dangereuse : il partit pour Rome en 1824,
et se prosterna devant le pape Léon XII, qui, non-
seulement se déclara son protecteur, mais lui offrit,
dit-on, le chapeau de cardinal. Lamennais (dit-on
encore) refusa cette haute faveur, et revint traiter
en France, dans le *Conservateur* et dans le *Mémorial
catholique,* la délicate question de l'alliance du *trône*
et de l'*autel*, mais sa pensée, déférant à la puissance
pontificale une suprématie contestée par la constitution de l'église gallicane, excita les réclamations
de l'épiscopat et l'hostilité du gouvernement. Une

vive polémique s'engagea, et ne fut interrompue que par la révolution de juillet.

Tout le monde se souvient qu'il y a vingt ans, l'illustre écrivain, dont la France estimait encore le génie, semblait prophétiser en ces termes les crises nouvelles, dont il pressentait la sourde fermentation :

« Que la France et l'Europe s'acheminent vers
« des révolutions nouvelles, c'est ce que chacun
« voit. Il faut céder à l'évidence des faits, et il n'est
« plus permis à qui que ce soit de se faire illusion ;
« tout chancelle, tout penche. Dans cette situation,
« il est naturel qu'on porte ses regards sur l'avenir
« et qu'on cherche, en méditant les lois essentielles de
« la société, les chances de salut qu'il peut encore
« offrir lorsque le désordre aura parcouru les pé-
« riodes successives de sa durée nécessaire. Nul
« autre moyen d'ailleurs de se reconnaître au mi-
« lieu de l'effroyable confusion des doctrines qui se
« croisent en mille sens divers et des événements
« qui se précipitent. »

Discutant ensuite avec une éloquente logique la nécessité d'une autorité à laquelle se soumettent les intelligences, l'écrivain que nous citons, disait :

« Quiconque a le *droit* de *penser ce qu'il veut* a le *droit d'agir comme il veut.* »

Et il établissait que la liberté de *tout* faire (tout, sans exception quelconque) était la conséquence inévitable, forcée et légitime, de la liberté de tout dire et de tout écrire.

Faisant ensuite le tableau des tendances de la révolution, l'auteur ajoutait :

« Le genre humain ne saurait subsister dans un
« état contre nature ; il a les lois de sa vie, qui ne
« peuvent être violées impunément. Or, la révolu-
« tion les renverse toutes ; ses doctrines, purement
« négatives, se réduisent à l'abolition absolue de
« tout lien social. »

Et il traçait le portrait des personnages que nos
pères eurent la satisfaction de voir à l'œuvre, et qui
retrouvent maintenant des copistes zélés, des imita-
teurs fidèles.

« Aux époques de révolution, il apparaît tou-
« jours une race d'êtres pervers à qui le mal plaît,
« et qui l'aiment pour lui-même. Ils ne respirent à
« l'aise que sur les ruines ; et quand la puissance
« leur est laissée, le crime déborde de leur âme
« comme la lave sort du cratère. »

Et comme de l'enseignement de la jeunesse dé-
pend l'avenir de toute société, l'abbé Lamennais,
défenseur énergique du système d'éducation religieuse, faisait ainsi ressortir les graves inconvénients
de la suppression des jésuites, et les vices de l'organisation universitaire :

« En abolissant les jésuites, on abolit en France
l'éducation publique... On ne sait pas assez tout ce
que l'éducation exige de zèle, de talents et de vertus
dans ceux qui s'y consacrent ; quelle rigueur de
surveillance, quelle tendresse de soins, quelle dou-

ceur et en même temps, quelle fermeté sont nécessaires, dans le gouvernement de ces Républiques enfantines, où l'attention, la patience, la réserve et la gravité des chefs doivent être en raison de la légèreté et de la vivacité des sujets. Or, comment trouver dans les maîtres des qualités si rares, si on ne les forme eux-mêmes par une éducation qui leur soit propre, et s'ils ne sont constamment assujétis à une règle inflexible, sous l'autorité d'un supérieur qui, veillant sur eux à tous les instants, les conseille, les dirige, les réprimande, les encourage, et soit enfin comme l'âme qui anime les divers membres de ce vaste corps ?

« Ce régime, à la fois doux et sévère, était le chef-d'œuvre de l'institut des jésuites. On crut pouvoir les remplacer par des instituteurs mercenaires, la plupart mariés, sans aucun lien commun, sans subordination, divisés de principes, indifférents au bien, et qui, dans les nobles fonctions qui leur étaient confiées, au lieu d'un devoir à remplir, ne voyaient qu'un salaire à gagner. Il n'était pas difficile de prévoir ce qui résulterait d'un pareil changement. Des désordres de toute espèce s'introduisirent dans les nouveaux colléges : nulle surveillance pour les élèves, nulle discipline pour les maîtres ; quelques-uns y portèrent la corruption de leurs mœurs, un plus grand nombre celle de leurs principes. La philosophie infecta l'enfance même ; et c'est bien aussi ce qu'elle s'était promis de ces funestes établissements, presque tous soumis à son influence, et qui, pendant quarante ans, versèrent dans la société des générations entières d'incrédules ? .....

« L'unité, où se trouve-t-elle moins que dans l'université, assemblage incohérent d'hommes différents de mœurs, d'habitudes et de principes, de chrétiens et de philosophes, de célibataires et de pères de famille, sans lien d'aucune espèce, sans discipline commune, moins séparés encore par la distance des lieux que par la contrariété des idées et des opinions ? A qui persuadera-t-on qu'il suffise d'enseigner les mêmes objets, de faire voir les mêmes auteurs dans les mêmes classes, pour qu'il y ait unité d'enseignement ? Les explications du maître, les développements qui lui appartiennent, ne forment-ils pas, pour la plus grande partie, le fond de l'instruction ? Et ces développements, ces explications, qui ne se ressemblent pas plus que les diverses manières de penser de chacun, ne sont-ils pas ce qui a le plus d'influence sur les élèves ? — Quand on supposerait que toute éducation dût tomber avec l'université, il n'y aurait pas encore à hésiter un moment ; car, après tout, l'ignorance vaut mieux que la corruption. »

En voyant propager de si sévères doctrines, on n'eût guère pu supposer que leur auteur les renierait un jour avec la même ardeur qu'il avait déployée pour les soutenir. C'est cependant ce qui arriva.

Au mois de septembre 1830, l'abbé Lamennais

voyant que la révolution de juillet restait pour lui comme un figuier stérile, que sa renommée n'avait pas cours aux Tuileries, et que nul bénéfice, nul anneau épiscopal ne lui était octroyé, s'éprit d'aversion pour le pouvoir qui ne s'inquiétait point de lui, et fonda le journal l'*Avenir*, pour essayer de se rendre redoutable. Mais, en prenant l'Evangile pour texte de ses déclamations contre le *despotisme*, il alla si loin, si loin, que ses premières aspirations révolutionnaires provoquèrent, en 1832, une sentence de blâme ecclésiastique dont son amour-propre froissé ne voulut pas tolérer la mansuétude.

Il se rendit à Rome, pour négocier, avec le Saint-Siége, une capitulation dont les arrhes devaient être un chapeau de cardinal et l'évêché d'Ostie.

Mais Grégoire XVI n'avait pas la longanimité de Léon XII. Il refusa nettement la pourpre et la mître au prêtre orgueilleux qui marchandait sa soumission. L'ambition déçue ne pardonne pas : Lamennais revint à Paris, altéré de haine, et rapportant la tempête dans les plis de sa soutane : Grégoire XVI, pensait-il, serait bien attrapé.

En 1834, les *paroles d'un Croyant* tonnèrent comme une voix d'orage.

Le prêtre, monté sur la borne du carrefour, lançait à travers la multitude, cet appel à la révolte :

« Tous naissent égaux : nul, en venant au monde, n'apporte avec lui le droit de commander.

« C'est le péché qui a fait les princes; leur pouvoir n'est pas légitime, car c'est le pouvoir de Satan, et leur domination est celle de l'orgueil et de la convoitise...

« C'est pourquoi, lorsqu'on n'a pas à craindre qu'il en résulte plus de mal, chacun peut et doit en conscience leur résister.

« La liberté luira sur vous, quand vous aurez dit, au fond de votre âme : nous voulons être libres! quand, pour le devenir, vous serez prêts à tout souffrir.

« La liberté est comme le royaume de Dieu : les violents la ravissent.

« Les rois hurleront sur leurs trônes; ils chercheront à retenir avec les deux mains leurs couronnes emportées par les vents, et ils seront balayés avec elles...

« Les riches sortiront nus de leurs palais, de peur d'être ensevelis sous leurs ruines. On les verra errant sur les chemins, demander aux passants quelques haillons pour couvrir leur nudité, un peu de pain noir pour apaiser leur faim, et je ne sais s'ils l'obtiendront...

« Qu'est-ce que ces meules qui tournent sans cesse, et que broient-elles? — Fils d'Adam, ces meules sont les lois de ceux qui vous gouvernent, et ce qu'elles broient, c'est vous!...

« Qui donc se rassemble autour des puissants du monde? — les riches et les flatteurs qui veulent le devenir ; les femmes perdues ; les ministres infâmes de leurs plaisirs secrets ; les baladins ; les fous qui distraient leur conscience, et les faux prophètes qui les trompent ; les hommes de violence et de ruse, les agents d'oppression, les durs exacteurs, tous ceux enfin qui disent : livrez-nous le peuple, et nous ferons couler son or dans vos coffres et sa graisse dans vos veines...

« Nous veillons l'heure de la vengeance : elle est proche...

« Même quand un prince est de bonne foi et ne souhaite que le bien, il faut qu'il vous donne sa volonté pour loi, et sa pensée pour règle. Or, les tyrans ne font que cela. La liberté ne consiste pas en ce que ce soit celui-ci qui domine au lieu de celuilà, mais en ce qu'aucun ne domine...

« Croyez-vous que le serf imbécile, assis à la table de son seigneur, en savoure plus les mets délicats, que le soldat de la liberté son morceau de pain noir ? Croyez-vous que celui qui dort la corde au cou, sur la litière que lui a jeté son maître, ait un meilleur sommeil que celui qui, après avoir combattu pendant le jour pour ne dépendre d'aucun maître, se repose quelques heures, la nuit, sur la terre, au coin d'un champ ? Croyez-vous que le lâche, qui traîne en tout lieu la chaîne de l'esclave, soit moins chargé que l'homme de courage qui porte les fers du prisonnier ? Croyez-vous que l'homme timide ait une mort plus désirable que l'homme ferme qui, sur l'ÉCHAFAUD, rend à Dieu son âme libre ?... »

Le prêtre qui prêchait ainsi l'insurrection comme une croisade, et qui montrait aux insurgés la couronne du martyre posée sur l'échafaud ; le prêtre qui foulait aux pieds de son orgueil toute subordination aux pouvoirs fondés par la loi pour la conservation des sociétés ; le prêtre qui, sous le manteau de la fraternité universelle, dépeignait les rois et les princes comme des vampires gorgés sur la poitrine des peuples ; le prêtre qui provoquait les bandes de la rue à faucher les sommités sociales, fut accepté, déifié par les fanatiques adeptes des sociétés secrètes. Après avoir écrit les *Paroles d'un Croyant*, cet apocalypse des révolutions futures, il s'arrêta pour se demander s'il ne lui était pas réservé de fonder une religion, à côté des tréteaux de son confrère Châtel.

Le scandale qu'il avait jeté dans l'Église ne pouvait rester impuni. Aux remontrances de ses supérieurs, Lamennais répondit par un nouveau livre intitulé . *Les affaires de Rome.* C'était rompre sans retour avec le principe d'autorité, avec les traditions auxquelles il avait juré respect et fidélité. Dès lors, l'Église ferma ses portes sur lui. Frappé d'interdit par son évêque, le prêtre révolté ne connut plus de frein ; il se jeta, corps et âme, au plus profond de l'égoût démagogique, et écrivit le *Livre du Peuple.*

« Des actes, des actes, et encore des actes ! »
s'écrie-t-il dans la fièvre qui le dévore.

« VEUILLONS seulement, et le monde chan-
gera de face ...

« Peuple, tu dis : j'ai froid ; et pour réchauffer
tes membres amaigris, on les étreint de triples
liens de fer. Tu dis : j'ai faim ; et on te répond :
mange les miettes balayées de la salle de nos festins. Tu dis : j'ai soif ; et on te répond : bois tes
larmes. Tu succombes sous le labeur, et tes maîtres se réjouissent...

« Regarde les oiseaux du ciel : ils ne sèment
ni ne moissonnent, ni ne rassemblent en des gre-
niers. Le Père céleste les nourrit. Or, n'es-tu pas
d'un plus grand prix que les oiseaux du ciel ?...

« Les prolétaires sont en masse la propriété de
ceux qui règlent les relations entre les membres de
la société, les conditions du travail, son prix et la
répartition de ses fruits. Ce qu'il leur a plu d'ordonner, on l'a nommé loi, et les lois ne sont que
des moyens d'augmenter et de perpétuer la domination du petit nombre sur le plus grand...

« La colère des tyrans lorsque le faible secoue
les chaînes qui l'étreignent, n'est-ce pas la colère
de la bête féroce contre la victime qui se débat ?

« Pauvre peuple ! on te foule, on t'opprime :
c'est le sort du faible. De quoi te plains-tu ? Dans
ta candide simplicité, tu demandes à la tyrannie
ses titres. Est-ce que partout tu ne les vois pas ?

Est-ce que tu ne vois pas ces baïonnettes qui reluisent au soleil, et ces canons braqués sur les places publiques ?

« Les uns commandent, et pourquoi ? Les autres obéissent, et pourquoi ? Qui a soumis ceux ci à ceux-là ? On vous parle de pouvoirs publics ? On vous abuse avec des mots. Prolétaires, le souverain, c'est vous...

« Lorsque vous voulez recouvrer les droits dont vos oppresseurs vous ont dépouillés, ceux-ci vous accusent de troubler l'ordre, et vous traitent de rebelles. — Rebelles à qui ?...

« Quand le peuple brise une domination, il ne trouble pas l'ordre, il le rétablit, il accomplit l'œuvre de Dieu...

« Votre droit est que nul ne vous gouverne...»

Quelque temps après, l'ex-abbé Lamennais qui ne reconnaissait plus de gouvernement, fut pourtant obligé de reconnaitre celui du directeur et des geôliers de Sainte-Pélagie.

N'ayant rien de mieux à faire, il parodia saint Jean, reclus dans l'île de Pathmos, et annonça aux *frères et amis* qu'il avait des visions prophétiques.

« Seigneur, disait-il dans son langage halluciné, Seigneur, je suis vieux et je n'ai plus de voix. Laissez reposer un peu votre serviteur, avant qu'il s'en aille.

« Souviens-toi, répondit le Seigneur au prophète, de ceux qui, en se couchant dans la tombe, ont mis leur épée sous leur tête : l'épée, c'est le chevet des forts. La terre est recouverte d'une vapeur de crime : j'enverrai la tempête pour la balayer...

« Mon jour est proche : il est là tout près...

« Parle aux opprimés : dis leur que mon œil est ouvert sur eux. »

Et le prophète parla ainsi aux verrous de sa cellule :

« Le fer est dur, le fer est dur : frappons, frappons !...

« La peine aujourd'hui, demain le repos. A nos fils un avenir meilleur. Le fer est dur, frappons !... »

Après avoir chanté cette litanie pendant un an et un jour, l'ex-abbé fut rendu aux *frères et amis*. Mais l'atmosphère de Sainte-Pélagie avait calmé sa fougue. Il laissa le gros Pagnerre s'engraisser du produit de ses œuvres, et se tint coi, dans l'attente d'un meilleur avenir.

1848 arriva. C'était l'heure du triomphe de Satan. Le prêtre apostat fut élu à l'Assemblée constituante. Il alla s'asseoir sur les plus hauts bancs de la Montagne, et n'eut qu'un regret, celui de n'avoir pas le moindre roi à guillotiner.

— Halte-là ! me criez-vous, lecteur ; votre plume vous entraîne un peu loin. Il n'est pas généreux de prêter à un pauvre vieillard des idées aussi écarlates. Car enfin, avant de siéger sur la Montagne en

1848, 1849 et 1850, M. Lamennais avait très-énergiquement condamné les horreurs de 93, et en voici la preuve textuelle :

« Les Montagnards ne pardonnèrent ni à la naissance, parce qu'ils étaient sortis de la boue ; ni aux richesses, parce qu'ils les avaient longtemps enviées ; ni aux talents, parce que la nature les leur avait refusés ; ni à la science, parce qu'ils étaient ignorants ; ni à la vertu, parce qu'ils étaient couverts de crimes ; ni au crime lui-même, lorsqu'il annonçait quelque supériorité. Pour peindre la révolution française, cette série épouvantable de forfaits, de dissolution et de carnage, ces proscriptions, ces fêtes impures, ces cris de blasphème, ce bruit sourd du marteau qui démolit, de la hache qui frappe les victimes, ces détonations terribles et ces rugissements de joie lugubre, annonce d'un vaste massacre, ces cités veuves, ces rivières encombrées de cadavres, ces temples et ces villes en cendres, et le meurtre, et les pleurs, et le sang ; pour peindre, dis-je, toutes ces horreurs, il faudrait emprunter à l'enfer sa langue, comme quelques monstres lui empruntèrent ses fureurs. »

Signé LAMENNAIS.

Mon Dieu, cher lecteur, je suis loin de contester la valeur de cette citation, et pour preuve, en voici une autre, que je signe des deux mains, pour copie conforme. L'ex-abbé Lamennais ne s'est pas borné à répudier, dans un temps, les hommes de 93 ; il n'a pas ménagé davantage les révolutionnaires d'aujourd'hui. En voici également la preuve textuelle :

« Il est, dans le parti républicain, une classe qui n'a d'importance que par la force que l'imagination lui prête, fantôme sinistre qui apparaît comme quelque chose de gigantesque à travers les nuages qui l'enveloppent. Je parle des anarchistes, de ces monstres aux mains sanglantes, qui méditent, au fond de leurs repaires, le pillage, le meurtre, l'incendie. Impuissants par eux-mêmes, ils disparaîtront dès qu'on s'unira contre eux ; et ce seraient des passions bien étrangement aveugles que celles, nous ne disons pas qui chercheraient des alliés dans le crime et la dévastation, mais qui ne suspendraient pas à l'instant toute autre guerre, lorsque des antres où ils se cachaient, sortent soudain, haletants de fureur, les bannis de la civilisation, pour ébranler la société dans ses fondements mêmes. Quiconque alors hésite à se lever, à se joindre à ses frères pour la défense commune, celui-là n'est pas homme, celui-là est infâme à jamais. »

Signé LAMENNAIS.

Ces belles phrases et deux cents pages de citations du même genre, ne détruiront pas un fait ; et ce fait, le voici :

Au dernier banquet démocratique socialiste,

dont le Château-Rouge a été le théâtre; le très-doux et très-suave ex-abbé Lamennais, ci-devant rédacteur de la *Bibliothèque des Dames chrétiennes* et du *Drapeau blanc*, a porté publiquement, hautement, un toast solennel à la mémoire de MARAT et de QUATRE-VINGT-TREIZE.

En vérité, je vous le dis! tous les Richardet, les Nadaud, les Bourzat, les Lagrange, les Joigneaux, les Greppo, les Colfavru, les Jules Favre, les Michel, qui se disent de Bourges, les Vidal, les Eugène Sue et autres juifs errants de la démo-crasse, ne sont que des pantins auprès de ce petit vieillard qui s'arrose de vin bleu à la santé de MARAT.

Troisième Partie

LES GROTESQUES.

Jules Miot — Greppo — Colfavru — Richardet — Pierre Leroux — Bourzat — Auguste Avond

> Les peuples sont pour nous des *fraires*.
> Des FRAIRES, des FRAIRES, des **FRAIRES**,
> Et les TIBANTS des AINEMIS.
>
> (Chœur des Montagnards sortant de l'Assemblée, orthographié par RICHARDET, du Jura.)

Après avoir passé en revue les *citoyens rouges*
de haute futaie, je m'arrêterais volontiers, si je ne
craignais de faire des jaloux parmi les buissons qui
rampent sur les flancs de la Montagne.

Croquer la silhouette des représentants grotesques
n'est pas chose malaisée. Le peintre n'a que l'embarras du choix, et je m'empresse d'adresser mes
très-humbles excuses à tous ceux que j'aurais oubliés. Qu'ils soient, d'ailleurs, assurés que, dans ce
petit musée biographique, je ferai les honneurs d'une
page à tous ceux qui se plaindront de ma négligence
à leur endroit.

Par où commencerai-je? ...

Faut-il parler de M. Nadaud, cet élu des gâcheurs
de mortier, qui voudrait démolir toute la France,
pour y bâtir des cités Icariennes, et qui ne réussit
qu'à faire des cuirs dont le fils du cordonnier Colfavru déplore la compromettante grossièreté?

Citerai-je le *frère et ami* Morellet, complice de toutes les âneries sociales que l'épais Nadaud colporte à la tribune, quand il a bu un petit coup?

Ressusciterai-je l'histoire carnavalesque du *général* Ch. Lagrange (de Lyon)? Essaierai-je de vous retracer sa phisionomie de marchand d'orviétan, ses longs cheveux gras, sa barbiche fantastique, ses manches courtes, et ses phrases alcoolisées qu'accompagnent des gestes télégraphiques empruntés aux funambules du boulevard du crime?

Ferai-je poser devant vous le béat Esquiros, avec sa voix d'eunuque et ses allures de prophète incompris? Ou, provoquerai-je, pour faire peur aux enfants, les aboiements saccadés de l'hydrophobe Joigneaux?

Hélas! je voudrais vous faire rire; mais j'ai le cœur navré de voir la France villipendé devant l'Europe, et prostituée dans l'histoire par de tels représentants!... Je renoncerais à achever ce tableau, si je n'espérais que de ma tâche, soigneusement remplie, sortira un enseignement profitable pour le peuple qu'abusent des histrions sans vergogne.

Les grotesques de la Montagne ont leurs chefs d'emploi, comme les maquignons terroristes. C'est à ces chefs que je vais emprunter les derniers portraits de cette galerie.

Jules Miot.

> Que voulez-vous attendre d'un homme sans
> aucune espèce d'éducation.
>
> M. Dupin, président de l'Assemblée nationale.

Le citoyen Miot (dit *Graine de Lin*), qui partage avec son collègue Gambon la qualification socialiste de l'*homme à la longue barbe*, fut d'abord, avant de poser pour la postérité en terroriste féroce, un doux et pacifique apothicaire de Moulins-Engilbert, dont les premières années s'écoulèrent humbles comme sa profession.

Tant qu'il débita du séné, tant qu'il se livra à l'exercice utile du clysoir, le citoyen Miot ne laissa percer aucun indice de sa vocation future pour la célébrité; mais quand, abandonnant la confection des drogues, l'apothicaire déclara à ses compatriotes effrayés son adhésion sanguinaire aux principes démocratiques, il répara en peu de mois, par des actes énergiques, le temps qu'il avait perdu à se décider.

Le premier haut fait du citoyen Miot, quand il eut déclaré la guerre au pouvoir de 1830, et que les frères et amis de son canton l'eurent proclamé leur chef, fut d'acheter, et de pointer devant sa maison, en face de celle du maire, deux canons..... non pas DE..... mais deux vrais canons, vendus

pour vétusté à la livre, et que le belliqueux apothicaire affichait comme assez solides encore, pour
renverser les tyrans. L'autorité trouva l'exhibition
de fort mauvais goût, et maître Miot reçut une
verte correction du tribunal de Nevers.

Miot qui savait, à propos des pâtes et des raca-
houts de toute sorte, l'immense effet de la réclame,
Miot bénit la Providence qui lui fournissait cette
occasion de se mettre en lumière ; il soudoya des
journalistes qui répandirent au loin, dans la Nièvre,
le bruit de son nom, et il annonça tout haut des
intentions peu rassurantes pour les aristocrates du
département.

Aussi, quand vint Février, l'apothicaire démagogique et sa face velue jouissaient-ils d'une considération distinguée auprès de la canaille en insurrection ; il en profita en praticien habile, et sut si
bien mener sa barque dans les marais rouges de la
Nièvre, qu'après des droits de courtage escomptés
en masse chez tous les *Ramponneau* des faubourgs,
maître Miot reçut, aux élections pour la législative,
mission de venir à Paris purger la république, dont
les excès de treize mois avait fort compromis l'existence.

En troquant ce pays qui le vénérait comme une
figure antique, cette contrée dont il était le plus bel
ornement, pour la vie parisienne, pleine de ruses
et de tromperies, le citoyen Miot avait fait un pauvre
marché. Bientôt, hélas ! il devait se repentir de son

ambition ; — méditez bien, lecteur, sur le fait qui va suivre :

Il existe à Paris une classe de Macaires, qui, pour n'avoir pas été rangée sur les registres de la rue de Jérusalem au nombre des industries prohibées, n'est pas la moins curieuse de toutes ces existences sans nom qui se déroulent entre les murs de la capitale. C'est cette espèce d'écrivains publics non patentés qui, depuis la bienheureuse catastrophe de 1848, barbouillent pour la propagande démoc-soc, ces choses sans nom dont on salit d'innombrables feuilles de papier à chandelle, et qui vont empoisonner le peuple de nos belles provinces.

Le malheureux Miot, en fréquentant un mauvais lieu socialiste, tomba dans une bande d'individus de ce genre, pour lors sans ouvrage, lesquels, entre d'innombrables libations de vin bleu, appuyant sur sa fibre chatouilleuse, lui persuadèrent qu'ils allaient le conduire à l'*illustration*, par un moyen bien simple, prendre à ses gages ces génies méconnus, qui inventeraient une infinité de brochures de circonstances, dont lui Miot, accepterait pour la foule des admirateurs la paternité glorieuse.

D'apothicaire devenir représentant, cela se conçoit, — on n'y gagne plus de vertiges ; — mais joindre à son nom le mot inouï d'AUTEUR ! la tentation était trop forte, Miot succomba ; les arrhes furent livrées, et le lendemain on se mit à l'œuvre.

Justement, les *Conspirateurs* venaient de paraître

au jour, les écrivains Macaire firent, sous les auspices du citoyen Miot, qui la signa, une réponse
ébouriffante à l'inventeur de M. Chenu. Deux mois
de 25 fr. par jour y passèrent, mais toute la Nièvre
tressaillit, fière d'un tel fils, et l'on parla d'une inscription à fixer dans l'ancienne boutique du phar-
macien transformé, eu mémoire de cet événement.

Un pareil triomphe était bien fait pour encourager. Mon livre sur le gouvernement provisoire se
publia en ce moment, et maître Miot, doublement
amorcé, engouffra de nouveau ses 25 francs, dans
une *reréponse* à cet ouvrage, où ses rédacteurs me
clouaient au *pilori* comme *sicaire de la réaction,*
me promettaient des coups de bâton infinis, et ter-
minaient par cette annonce désopilante :

AVIS.

Nous répondrons désormais a toutes les
brochures que nous considérerons comme
hostiles a la république.

Il paraît que ces Messieurs trouvaient, chacun
de leur côté, la spéculation fructueuse.

J'eus la naïveté de croire le citoyen Miot capable
d'avoir pu commettre ce délit à mon égard, et séduit
par la description qui me fut faite de la longueur
de sa barbe, je me compromis à lui adresser, au
moyen de la même voie par laquelle l'attaque m'était
venue, la lettre suivante :

CORRESPONDANCE DU *CORSAIRE*.

Paris, 2 avril 1850.

Au citoyen JULES MIOT, *représentant du peuple.*

Monsieur,

Les bons électeurs de la Nièvre commettent parfois d'étranges erreurs. Ils ont sans doute cru nommer à l'Assemblée nationale un représentant du peuple en votre honorable personne, et voilà que les malheureux ont envoyé à la presse parisienne un exécuteur des hautes-œuvres chargé de clouer *au pilori les infâmes sicaires de la réaction.*

Que vous griffonniez des libelles au lieu de faire des lois, vous n'en devez compte qu'au pays qui vous paye 25 francs par jour pour le servir; mais que vous calomniez un homme que vous ne connaissez pas, ceci mérite une leçon. — Telle est la nécessité où vous me réduisez.

Vous avez prévu le cas, en déclarant dans votre spirituelle brochure à mon adresse, que, « *n'ayant pas eu le loisir de passer votre jeunesse dans une salle d'armes, vous ne pouviez vous mesurer avec certaines gens.* » Il est vrai que vous eussiez pu employer vos jeunes années plus utilement, n'eût-ce été qu'à prendre des leçons de politesse.

On signe au moins son œuvre, citoyen Jules Miot, quand on injurie un homme tel que moi; n'avez-vous pas votre titre de représentant pour vous sauver des poursuites avec lesquelles, seules, on peut vous demander raison.

Je vous pardonne, du reste, en faveur de votre déclaration :

« Que je n'ai point été soupçonné *encore* d'être un mouchard ; » cela viendra peut-être. Lorsque des individus de votre force nous gouvernent, ne doit-on pas s'attendre à tout.

Quant aux coups de bâton que vous promettez si libéralement *aux bétes fauves qui vous attaquent,* j'y répondrai avec le bout de ma botte vernie.

J'ai bien l'honneur de vous saluer.

Cu. de LA VARENNE, *ex-officier au service sarde.*

J'attendis des témoins quelconques ; même les mains sales, je les eusse bien reçus ; — j'étais candide alors !

En revanche, deux jours après mon épître, les lignes suivantes parurent dans le *Corsaire ;* je pense communiquer à mes lecteurs, en leur en donnant connaissance, une partie de l'hilarité qui me secoua lorsque j'en eu pris lecture.

« Deux frères et amis se sont présentés dans nos bureaux, porteurs d'une lettre d'un sieur Castéra, rédacteur en chef d'un prétendu *Correspondant de Paris.*

« Dans cette lettre, entremêlée des insultes les plus grossières, le citoyen Castéra prenait d'abord la responsabilité des deux brochures attribuées par toute la presse au citoyen Miot, dont elles portent la signature, et dont celui-ci ne serait, au dire du sieur Castéra, que le collaborateur. C'est un débat à vider entre deux honorables citoyens, si bien faits pour s'entendre. Puis la lettre se terminait par le passage que voici :

« Aussi, messieurs les écrivains royalistes, vous « pouvez vous attendre à une rude guerre de ma « part. Je vous suivrai, pas à pas, sur le terrain « des injures, puisque vous ne savez tremper votre « plume que dans la boue. *Je publierai des bró-« chures à 5 centimes dans le seul but de vous fla-« geller.* Vous aurez bean me menacer, je rirai de pitié « tant que vous vous tiendrez à distance. Mais si « *vous vous permettiez* de venir me demander trop « impoliment des explications, ma foi ! je me verrai « forcé d'inscrire à coups de bâtons ma réponse sur « le dos de vos *soudards!* »

« A la lecture de cette épître, nous nous sommes *permis de demander* aux deux ambassadeurs qui *attendaient la réponse,* s'ils avaient connaissance du contenu de leur message. Sur leur affirmation, nous *nous sommes permis* de leur dire que, lorsqu'on écrivait une pareille lettre, c'était à condition d'en venir chercher la réponse soi-même; et que, lorsqu'on s'en faisait *sciemment* le porteur, l'on n'avait droit qu'à une seule réponse : c'était de prendre immédiatement la porte, ce que nous les invitions à faire à l'instant. Ces messieurs ayant cru devoir résister à notre invitation, la patience, il faut le dire, nous échappa, et nous nous livrâmes envers eux à certains gestes désordonnés dont nous préciserons la nature en affirmant que, si nous ignorons encore comment ces messieurs donnent les coups de bâton, nous savons parfaitement à cette heure comment ils les reçoivent.

« Nous ne regrettons aujourd'hui qu'une chose : c'est d'avoir oublié de leur demander un reçu.

« Ce que nous croyons apercevoir de plus clair dans le petit drame qui vient de se dénouer sous nos yeux, c'est que le citoyen Miot avait tiré sur nous un billet au profit du citoyen Castéra. Le citoyen Castéra, de son côté, a jugé convenable de l'endosser au profit de nos deux visiteurs d'hier, et ceux-ci ont eu l'incroyable impudence de se présenter au remboursement.

« Ce ricochet drolatique fournira, nous n'en doutons pas, le sujet d'une scène assez neuve à la prochaine pantomime du théâtre des Funambules. »

La leçon produisit son effet, sans doute, car l'association littéraire démo-crapulique sous la raison Miot et compagnie, renfonça sa bave, et oublia prudemment son AVIS de protection à la République, en présence de réceptions aussi peu gracieuses.

On trouverait peut-être aussi, en cherchant bien, un second motif à ce silence, qui, au moment où ces affreux réactionnaires aplatissaient la catastrophe de février et ses plus solides défenseurs, vint consterner les frères et amis des départements.

Le citoyen Miot ne se contentait pas des lauriers de la littérature; il ambitionna les triomphes de la tribune. Le courageux apothicaire entreprit de traiter les inconvénients de la société en général, et ceux de M. Dupin en particulier. Sa *coulante* éloquence fut goûtée de diverses manières, et le plus clair résultat de cette formule nouvelle de son génie fut la rétention de ses honoraires par son compatriote maltraité.

La fuite des *voraces* secrétaires ne s'explique-t-elle pas par le départ des 25 francs?

Le citoyen Miot garda rancune à l'Assemblée de son long *pain sec*, et l'on raconte que, récemment, ayant vu sa peine aggravée par de malencontreuses réclamations, il sortit de la salle des séances, secouant sa barbe en signe de rage, et criant aux déplorables railleurs qu'égayait son infortune : « *Oui, je m'en vais,* POUR NE PAS FAIRE UN MALHEUR ! ! !

La famine rendit cependant le féroce orateur plus circonspect, il fit le mort jusqu'à la séparation de la *Législative*, mais se promettant bien de se dédommager. Le conseil général de la Nièvre, bouleversé par ses hurlements, s'est vu, un instant, dans la nécessité de se déclarer hors la loi, et le préfet, dont le terrible apothicaire réclamait la tête, n'a respiré qu'au moment où Miot est venu rejoindre ses dignes collègues de la MONTAGNE.

Voici un épisode des vacances fantastiques de l'apothico-terroriste :

« Pour soutenir le déplorable incident soulevé le 31 août au conseil général de la Nièvre, par les sieurs Miot et Pellault, se trouvaient réunis dans la cour de la préfecture, tous ces hommes que l'on ne rencontre dans les grandes villes que les jours d'émeute. L'un d'eux, le citoyen Laguerre, opposa la plus vive résistance aux agents de la force publique chargés de faire évacuer la foule. Injures grossières, voies de fait, il n'épargna rien. Cependant, conduit au violon malgré ses cris de : « A moi, peuple ! à moi, mon ami Miot ! » il a été traduit devant le tribunal de police correctionnelle de Nevers.

« Cet homme a les antécédents les plus déplorables. Il a été déjà condamné six fois par les tribunaux d'Évreux, de Versailles, d'Argentan, de Louviers et de Nevers, pour vols, coups et blessures, etc. Furieux de voir son passé ainsi dévoilé, il injurie en pleine audience le ministère public, qui aurait dû, disait-il, faire connaître ses antécédents lors de sa première condamnation à Nevers. Inutiles récriminations ! Le tribunal, usant de toute la rigueur de la loi, a condamné ce perturbateur à deux ans de prison, 100 fr. d'amende et cinq ans de surveillance, et le peuple a laissé reconduire le condamné en prison ! C'est que le peuple, le véritable peuple, respecte les lois de son pays, et qu'il ne veut pas avoir pour chefs des repris de justice.

«En quittant l'audience, Laguerre s'est rappelé cette parole adressée naguère à Malardier par le citoyen

Miot : *Avant peu, vous ne serez plus en prison, c'est le préfet qui y sera à votre place. Dans deux ans,* a-t-il dit, *nous aurons un autre gouvernement, et les juges seront à ma place.* »

Comme on le voit, l'apothicaire Miot se propose de purger à haute dose son département, si ce pauvre département le vomit, en 1852, dans l'urne électorale.

Espérons qu'en 1852 la Nièvre l'aura digéré.

Greppo.

Demain le régicide ira prendre sa place
Au Panthéon avec les Dieux.

. . . .

De vols, d'assassinats, eût-il l'âme flétrie,
Il redevient sans tache et vierge d'infamie
Dès qu'il se lave au sang des rois !

Ainsi s'écriait jadis, dans le *Moniteur républicain,* un admirateur du *citoyen* Fieschi, le citoyen Joigneaux, aujourd'hui, représentant du peuple.

Le citoyen Greppo, son honorable ami, ne prêche pas la mort des rois, vu qu'il n'y en a plus ; mais il s'exprime de la sorte sur le compte des aristocrates :

« Lors de la prochaine, de la *désirable* collision

« qui doit *inévitablement* s'engager, nous entrerons
« dans *toutes les maisons*, nous nous emparerons
« de tous ceux qui nous seront *signalés* comme
« *réacs*, nous les traînerons dans la rue, et nous
« *les fusillerons* sur le pavé, à la porte de chez
« eux ! »

Recherchons quelles sont les circonstances qui
ont pu amener le citoyen Greppo à une férocité
semblable.

Le citoyen Greppo, ouvrier canut de Lyon, ex-
insurgé de toutes les émeutes qui bouleversèrent
cette ville depuis 1830, se trouva un beau jour,
sans trop savoir comment, assis dans un fauteuil de
l'Assemblée constituante.

Les débuts du citoyen Greppo dans la vie parlementaire se rangèrent de suite au niveau de ses
antécédents *socialistes*.

La veille du 15 mai 1848, lorsque le citoyen
Sobrier, avec quelques sectionnaires de la société
des Droits de l'Homme, s'en vint a la préfecture de
police exiger de Caussidière des fusils, M. Greppo
fut un des plus ardents acolytes du citoyen Sobrier;
et lorsque Caussidière, qui se souciait peu de donner
ses fusils, se battit à coups de poings avec Sobrier,
M. Greppo entra dans la lice avec un courage ma-
gnanime.

Aussi, lorsque Sobrier et ses amis ayant vaincu
Caussidière par l'éloquence et les coups de poings,
enlevèrent trois caisses de fusils et cinquante

hommes pour servir à former et à armer la deuxième compagnie des Montagnards de la caverne de Rivoli, M. Greppo faisait partie du cortége des vainqueurs.

Les envahisseurs de la préfecture étant tous membres de .cette même société des Droits de l'Homme qui, dans la nuit du 15 au 16 mai, assassinèrent deux gardes nationaux au passage Molière, on a prétendu voir M. Greppo au milieu de ces héroïques sectionnaires pendant la journée du 14.

Voilà les états de service actifs du citoyen Greppo; un seul fait, dans l'ordre pacifique, a immortalisé le législateur-canut.

Dans un accès de délire destructeur, l'anarchiste Proudhon avait présenté, pour *améliorer* le système social, un projet de vol et de spoliation tellement infâme, que ses collègues rouges votèrent en masse contre lui. Seul, Greppo se leva pour appuyer la motion qui dépossédait les classes riches, et cette conduite sublime le plaça, d'un bond, au premier rang de la démo-canaille, croisée contre la fortune.

Un pareil dévouement à la cause de la révolution méritait une récompense ; ses compatriotes des bouges de la Croix-Rousse ou des mauvais lieux de la Guillotière, se chargèrent de lui décerner un signe de la reconnaissance des *frères* de tous les faubourgs de France.

Ils lui envoyèrent.... Devinez quoi !

Un immense saucisson roulé dans du papier rouge?

Point du tout.

Une navette d'honneur ?

Vous n'y êtes pas.

La tête d'un aristocrate ?

Allons donc !

Je ne sais plus.

Eh bien ! les voraces de Lyon envoyèrent à leur illustre représentant, *deux médailles* frappées en son honneur, et destinées à perpétuer le souvenir de ses hauts faits. Si l'on doutait de la vérité de notre assertion, qu'on lise l'explication suivante d'un de nos collaborateurs à l'*Ami du Peuple* :

« Dans un de nos derniers numéros, nous avons parlé de certaines médailles qui auraient été faites à Lyon en l'honneur du citoyen Greppo, médailles qui seraient ornées d'inscriptions et attributs ultra-montagnards, d'emblêmes de mort, et d'ornements si peu orthodoxes, qu'elles auraient attiré une descente de justice chez leur auteur.

« Il nous est revenu que M. Greppo avait traité notre assertion, hasardée fort timidement et sous la forme dubitative, de calomnie, de mensonge infâme, etc.

« Nous sommes bien aises d'apprendre à M. Greppo, au *Siècle*, qui se porte si bien garant pour ce montagnard, au *National*, qui accueille si complaisamment ses lettres (on prétend même que c'est le *National* qui a la bonté de les lui rédiger), nous sommes, disons-nous, très-aises d'apprendre à tout ce monde que les médailles existent, que nous les avons sousles yeux, et que M. Greppo ferait preuve de mauvaise foi, s'il persistait à en nier l'existence et à nous accuser de calomnie.

« L'une de ces médailles, qui porte pour légende : RÉPUBLIQUE DÉMOCRATIQUE ET SOCIALE, représente le portrait du citoyen Greppo vu de face ; et pour qu'on n'en ignore, on lit au-dessus de sa tête : LE CITOYEN GREPPO. La légende complimente ce représentant de la Montagne sur le courage civique qu'il a déployé en votant seul en faveur de la proposition Proudhon, le 31 juillet 1848, dans cette séance mémorable où, devenu à jamais illustre, le citoyen Greppo mérita le surnom de : *Sancho Pança du chevalier Proudhon.*

Au revers, on lit en légende : LE SANG LYONNAIS A LA RÉGÉNÉRATION SOCIALE. Dans le champ, une tête de mort au-dessus de deux os en sautoir, et au-dessous ces horribles paroles :

SI LES ARISTOCRATES
CONSPIRENT, NOUS BOIRONS
DANS LEURS CRANES A LA SANTÉ
DE L'AVENIR ET A LA MÉMOIRE
DES MONTAGNARDS
DE 93.

VIVE LA FARANDOLE !

Sur une deuxième médaille de Lyon (il en existe

une quarantaine du même goût et de la même fabrique), on voit la hache révolutionnaire surmontée d'un bonnet rouge, avec cette inscription :

A GREPPO,

RÉPUBLIQUE DÉMOCRATIQUE ET SOCIALE.

VIVRE EN TRAVAILLANT OU
MOURIR EN COMBATTANT.

1848.

LYON.

« Et au revers, on trouve ces abominables menaces :

ARISTOCRATES, MODÉRÉS,
ÉGOÏSTES, TREMBLEZ ! TREMBLEZ !
A LA PREMIÈRE ATTEINTE PORTÉE A LA LIBERTÉ,
LES ONDES ENSANGLANTÉES DU RHÔNE
ET DE LA SAÔNE CHARRIERONT VOS
CADAVRES AUX MERS ÉPOUVANTÉES.
TREMBLEZ !
LE PEUPLE EST DEBOUT, ET 93
PEUT ENCORE RENAÎTRE !

(*Ici un bonnet phrygien.*)

1848.

« Enfin, sur une troisième médaille, on lit cet affreux appel à la misère et à la famine :

LE PEUPLE
DEVIENT SANS CULOTTE
QUAND SES TYRANS
NE LUI EN LAISSENT PAS,
ET VORACE
SI FÉCONDANT LA TERRE
PAR SES TRAVAUX,
IL NE PEUT AVOIR
SA PART DU PAIN
QUOTIDIEN.

Au revers se trouvent les noms des quatorze représentants du peuple du département du Rhône, compromis sur cette médaille par le voisinage du nom de M. Greppo, inscrit modestement au dernier rang sur la liste.

Étonnez-vous donc qu'après avoir lu ces charmantes inscriptions, M. Greppo veuille dévorer les aristos et les réacs.

L'impitoyable Greppo, avant d'être cet homme austère et farouche que nous connaissons aujourd'hui, pactisait cependant avec la grandeur ; le *Constituant* était un agneau auprès du Montagnard de la *Législative ;* quoique disciple de Proudhon, M. Greppo courtisait volontiers les festins olympiques de sa hautesse le marquis Marrast, et si maintenant il a renoncé à Satan et aux pompes de la présidence, si, se renfermant dans le culte du vin bleu et du *Gérome,* en compagnie de ses *fraires,* il tient rigueur à M. Dupin et à sa table succulente, c'est qu'une anecdote fort curieuse a circulé sur le compte du citoyen Marrast, et que M. Greppo a cru s'y trouver compromis. Disons la chose :

« Pendant le voyage du président de la républiqoe à Nantes, un des vice-présidents de l'assemblée qui remplaçait M. Dupin absent, fut engagé à dîner par madame Dupin. M. Napoléon Daru, grand amateur de porcelaines, fut frappé de la beauté d'une assiette de dessert qu'on plaça devant lui, et demanda à madame Dupin d'où provenait ce magnifique service.

« Je l'ignore, répondit madame Dupin ; ce sont des assiettes dont se servait M. Marrast. Nous les avons trouvées ici et nous nous en servons aussi. »

« M. Daru demanda la permission d'emporter une des pièces de ce service, qu'il fit transporter dans sa voiture. Le lendemain matin, il se rendait à Sèvres, et présentait au directeur la merveilleuse assiette, en le priant de lui en indiquer l'origine.

« Rien n'était plus facile au directeur. Il avait, en effet, reconnu une pièce d'un service qui, commencé sous Charles X, n'avait été terminé que vers la fin du règne de Louis-Philippe. Les premiers artistes y avaient travaillé, et pour tout dire en un mot, c'est au pinceau de madame de Mirbel qu'était due la moitié des peintures qui les enrichissaient. Aussi, indépendamment de la part des frais généraux qui étaient à la charge de ce service, chaque assiette ne

revenait pas à moins de 1,440 fr. Quaud on présenta
ce chef-d'œuvre à Louis-Philippe, il le trouva trop
beau pour l'employer à sa table, et voulut que
chaque pièce fût renfermée dans un étui, afin qu'on
le conservât comme un monument de l'art céra-
mique français. « Il ne servira qu'une fois, dit le
roi; c'est quand la reine d'Angleterre viendra à
Paris. J'ai l'orgueil de vouloir lui montrer ce produit de nos manufactures. »

« Vanités des vanités ! La reine Victoria n'est pas
venue à Paris, et c'est M'. Marrast qui, trouvant
le service à son goût, l'a étrenné sur sa table. A
l'heure qu'il est, il y manque plusieurs assiettes,
ébréchées ou cassées par les *malotrus* qu'il invitait
à ses dîners. »

M. Greppo se croyant désigné par l'épithète mal-
honnête, que nous soulignons, et apercevant avec
effroi une longue série de 25 fr. par jour retenus pour
solder le dégât, a pris en horreur un lieu où une mauvaise assiette cassée vous expose à la ruine, où on
ne sert pas de *Géromé*, et où il est défendu de jouer
son cent de piquet, en têtant son brûle-gueule.

A quoi tiennent les destinées ! Cette intolérance a
fait d'un homme doux, que l'on pouvait ramener
au bien, un sanguinaire citoyen, qui réclame, à son
tour, de boire dans les crânes des aristocrates ! ! !

Colfavru.

> Il est b.......... en colère, ce matin, le Père
> Duchêne ! Il a rossé son chat et jeté sa femme
> par la fenêtre, parce qu'on n'a pas encore
> guillotiné tous ces gredins d'aristocrates...
>
> (Souvenir de 1793.)

Colfavru, fils d'un cordonnier en vieux, est né à Lyon ; destiné à faire du bruit dans sa vie, il fut d'abord attaché comme tambour au collége de sa ville natale. Les bienfaits du duc d'Orléans pourvurent à son éducation, et lui assurèrent plus tard les moyens de faire son droit. Jusque-là, il n'y a rien que de louable dans la vie du jeune Colfavru. Bien des gens honorables et honorés ont eu des commencements aussi obscurs. Malheureusement, Colfavru s'ennuyait du voisinage de l'échoppe paternelle. Il vint à Paris ; ce fut sa perte.

Dénué de moyens d'existence, il se mit aux gages de quelques gens du palais, pour lesquels il grossoyait des mémoires ; puis, comme les travaux étaient rares et peu productifs, il entretint la chaufferette d'une vieille femme, qui, satisfaite de son zèle, fit de lui son azor, et lui réserva ses croûtes.

Ebouriffés par le tocsin de février, Azor devint enragé, et s'échappa de dessous l'édredon pour sauter aux jambes de tout le monde. En d'autres termes, Colfavru voulut mordre au gâteau des rois de la République. Mais toutes les parts étaient prises, et les portes de la salle du festin ne s'ouvraient pas aux inconnus. L'avocat sans causes, qui n'est pas juif, mais tout simplement huguenot, ne put attendrir Isaac Crémieux, le grand rabbin de la justice provisoire. Désespéré de sa mauvaise chance, lorsque tant de crétins se pavanaient aux frais de leur audace, Colfavru errait çà et là, comme une âme en peine, quand il rencontra un nommé Thuillier, qui se désolait aussi de n'être que le fils d'un père qui avait fait... de mauvaises affaires.

Thuillier fouillant les ordures de l'ancienne révolution, pour y chercher pâture, découvrit, dans ce fumier sanglant, un numéro du *Père Duchéne*. — « C'est une mine d'or ! s'écria Colfavru ; part à deux !... A toi l'idée : à moi l'exploitation. »

En effet, la boue se changea en or pendant quelque temps. Pendant que Thuillier s'infligeait des indigestions, Colfavru vomissait sa bile sur toute la magistrature. C'était un moyen de se faire bien venir auprès des sans-culottes célèbres qui croyaient leur règne éternel. La canaille achetait des deux mains le nouveau *Père Duchéne*, pour s'égayer en buvant son rogomme. Il y eut des jours où 75,000 exemplaires à un sou furent débités sur la voie publique, par les anciens forçats qui servaient de courtiers aux successeurs de l'ignoble Hébert.

En ce temps-là, Colfavru dut à son *civisme* le

grade d'officier dans la garde nationale. Mais après la journée du 15 mai, les épurations commencèrent. Les honnêtes gens, reconfortés par la première victoire de l'ordre, commencèrent à ne plus trembler devant les Paillasses de la Terreur. Ils chassèrent le lieutenant Colfavru, dont l'infâme journal outrageait depuis trop longtemps la morale publique.

Le roquet hargneux, réduit à redevenir Azor, reprit, la queue basse, le chemin qui menait à ses croûtes. Pendant qu'il les rongeait tristement, un orage plus terrible s'amassait sur l'horizon.

Colfavru se cacha pendant les journées de juin, pour deux raisons : la première, c'est qu'il eût pu être tué *derrière* les barricades, et qu'il ne s'en souciait pas ; la seconde, c'est qu'en allant se ranger parmi les gardes nationaux, il courait le même danger *devant* lesdites barricades, doublé de celui d'être étrillé par les honnêtes gens qui reconnaîtraient en lui la seconde incarnation du *Père Duchêne.*

La bataille de juin fut le Waterloo des démagogues : les débris de leur armée peuplèrent les pontons. Les hommes qui avaient attisé le feu de la guerre civile partagèrent le même sort. Colfavru fut du nombre de ces derniers.

Transféré à Belle-Isle-en-Mer, il y joua le rôle de martyr de la démocratie. Le surnom de *Père Duchêne,* qu'il partageait avec Thuillier, transporté comme lui, l'entourait d'un certain prestige. Il se déclara grand homme, et, croyant, pauvre niais, à l'avenir de la carmagnole, il chercha à se faire un parti en prêchant le communisme aux truands émérites de toutes les émeutes possibles.

Lorsque l'exécution des lâches assassins du général Bréa fut connue à Belle-Isle, cette nouvelle y produisit une certaine fermentation. Les démo-crapules de ce dépôt de détention organisèrent, dans l'enclos qu'ils habitaient, une cérémonie funèbre dont les journaux du temps ont raconté les détails. Une espèce de sarcophage avait été installé en plein air, entouré de torches, au pied d'une colonne chargée d'emblèmes terroristes et d'inscriptions sanglantes, à la gloire des infâmes meurtriers que la justice de la France venait de frapper. Cette colonne était surmontée d'un bonnet rouge que tranchait une guillotine en carton. Des discours hideux furent prononcés, et Colfavru n'eut pas honte de figurer parmi les orateurs de cette lugubre comédie, à laquelle trois cents misérables s'associèrent avec d'affreux hurlements, pendant que la majorité des détenus, saisis d'horreur, s'enfermaient, consternés, dans leurs barraques.

Colfavru fit, plus tard, amende honorable au pied du pouvoir, et obtint sa liberté à force de protestations de repentir. Le pouvoir crut à sa parole. Mais, à peine relâché, le *Père Duchêne* revint à Paris, et le conclave socialiste de la rue Saint-Spire le compta au nombre de ses plus rouges adeptes.

Les *frères et amis* l'ont fait nommer représentant de Saône-et-Loire.

Cet être rabougri, d'une pâleur srcofuleuse, pétri de fiel et d'orgueil, a la prétention de représenter Saint-Just dans la parade montagnarde. Il offre la main au général Cavaignac qui l'a fait transporter ; il l'appelle *mon cher collègue ;* il le tutoyerait, si le général ne se détournait de lui avec dégoût.

Si le jeune Colfavru ne peut s'engaîner dans le fourreau de sabre du *National,* il jouit, en revanche, de l'estime (et quelle estime !) de l'acrobate sans-culotte Bareste, rédacteur en chef d'une *République* échevelée.

Eugène Bareste est une espèce de falempin littéraire qui débuta dans la basse librairie par une compilation malsaine des prophéties de Nostradamus. Après avoir prouvé suffisamment qu'il ne savait pas le français, le même Bareste voulut faire croire aux badauds qu'il savait le grec. Un libraire, trop confiant ou trop imbécile, se laissa affubler d'une traduction d'Homère de la façon de ce nouveau Mathieu Lansberg. Or, voici comment procédait M. Bareste.

Il avait découvert un marchand de lorgnettes, nommé Wolff, qui ne portait pas de chaussettes, mais qui parlait le grec en vrai juif prussien.

Ce fils d'Israël traduisit de l'*allemand* l'*Illiade* et l'*Odyssée,* moyennant quarante sous par jour, que M. Bareste lui payait quelquefois.

M. Bareste fit hommage de cette belle œuvre aux

Hellénistes les plus distingués de l'Institut et autres lieux.

Ces Messieurs se gardèrent bien d'en lire un mot, mais ils s'empressèrent de féliciter M. Bareste dans des lettres malencontreuses qui servirent d'enseigne à sa friperie littéraire.

Les journaux firent scandale à cette occasion ; ils décochèrent une grêle de flèches contre l'impudent travestisseur du roi des classiques grecs, et contre les savants qu'il avait mystifiés.

Le juif, de son côté, réclamait ses droits de paternité, à défaut d'honoraires plus solides.

La dernière dupe de toute cette affaire, fut le pauvre éditeur, qui fit une culbute en plein bouillon.

Demandez à ce pauvre M. Lavigne ce qu'il pense du philellène Eugène-Wolff-Bareste.

Quant à nous, nous mettons ledit Bareste au défi de faire l'analyse grammaticale d'un vers d'Homère pris au hasard dans l'*Iliade* ou l'*Odyssée*.

M. Bareste, écrasé sur les ruines de Troie, fut bien vite oublié. Tout s'oublie à Paris. Personne ne se souciait de lui, quand il ressuscita, quelque temps après, à Troie... en Champagne, dans un journal ministériel, où il se nourrit de tartines jusqu'à la révolution de 1848. C'est une belle chose que les révolutions pour les gens de la race des corbeaux. M. Bareste accourut à Paris, et fonda immédiatement le journal *La République*, dans lequel il se mit à ronger ses anciens patrons. Tout métier qui fait vivre est bon aux *citoyens* de sa trempe. Parlez-lui *politique*, il vous répond *beefsteack ;* secouez sa conscience, elle sonne creux ; gourmandez son insolente vanité, il vous tendra l'échine. Son désespoir est de n'avoir pas été pris au sérieux par le conclave de l'impasse de la *Grosse-Tête.* C'est pour cela qu'il baise les pieds de l'*heureux* Colfavru, qu'il le choie, qu'il le mitonne, et qu'il lui fait des sous-pieds avec les numéros de son journal.

Colfavru pêchera un jour Bareste dans le vivier boueux de la rue Coq-Héron, pour le hisser à ses côtés sur la Montagne, avec l'aide des *frères et amis ;* car il est temps que les yeux chassieux soient représentés là-haut comme toutes les autres laideurs physiques et morales de Paris et des départements.

Un procès scandaleux avait lieu naguères contre un des *frères et amis* du *citoyen* Colfavru. On se rappelle ce fameux banquet à *cinq sous* dont le *Père Duchéne* fut l'afficheur et un peu aussi le caissier. Nous voudrions bien que maître Colfavru nous révélât les particularités secrètes de ce complot chargé de gruyère et de vin à 4 sous, dont il fut un des organisateurs, et dont l'explosion devait avoir lieu le 14 juillet 1848. Nous voudrions bien savoir si un compte fidèle a été tenu des deniers faubouriens audacieusement pipés au profit de l'émeute, et si la curée de ce magot démocratique et social n'a été faite que par le clubiste Deshayes. Nous voudrions savoir avec quel argent le *Père Duchéne* aurait doté les banqueteurs de feux d'artifices, d'orchestre en plein vent, de ballons-monstres , et autres joyeusetés annoncées par le programme de la chose.

Puisque la Sainte-Montagne est si prodigue d'interpellations parlementaires, nous voudrions qu'un membre de la partie honnête de l'Assemblée nationale interpellât le *Père-Duchêne-Colfavru* sur les faits et gestes de 1848, et sur son oraison funèbre des bandits Lahr et Daix ; car on s'étonne à bon droit qu'un individu chargé de cette dernière infamie puisse être toléré au sein de la représentation de la France.

C'est un sanglant outrage à la morale publique. C'est le fait le plus hideux du suffrage universel.

Richardet.

L'origine du citoyen Richardet est à peu près du même calibre que celle de son honorable collègue Mᵉ Colfavru.

Fils d'un vigneron de Salins, dans le Jura, la conscription l'enleva à la charrue pour l'incorporer dans un régiment d'artillerie, où le paysan dégrossi fut frotté, à l'école du corps, d'une demi-instruction, qui développa chez lui un dégoût invincible pour son rude métier.

Richardet sut intéresser à son désir de quitter la

vie militaire, M. l'abbé Perruche, inspecteur de l'Université, et par sa protection, l'artilleur obtint, après trois années de séjour sous les drapeaux, un congé de réforme, dont il profita pour revenir à Salins.

Peu soucieux de reprendre la pioche, Richardet sollicita du gouvernement une place d'agent-voyer, qu'on lui accorda snr la demande de M. Pouillet, l'ancien conservateur des arts et métiers, personnage alors très-influent.

Pour reconnaître ce service, aux élections de la Chambre de 1847, Richardet se constitua le courtier électoral de M. Pouillet, candidat du ministère; et, grâce aux opinions orléanistes qu'il affichait avec enthousiasme, il servit utilement son patron, qui fut nommé député du Jura.

La république arriva; M. Richardet qui jouissait à cette époque d'une aisance fort grande, fut renvoyé de sa place par les nouveaux administrateurs, sous prétexte... d'opinions *conservatrices*. Quoiqu'il en soit, pour prouver sans doute à ses supérieurs, qu'ils l'avaient mal jugé, l'ex-courtier royaliste se voua au rouge avec une rapidité étonnante, et dont il tira d'excellents profits.

Il fallait vivre cependant ; et pour vivre, un état était nécessaire, Richardet se fit *journaliste;* — le paysan décrassé vendit chaque semaine une chose intitulée la *Démocratie Jurassienne*, où il recueillait tous les résidus des égoûts révolutionnaires de la capitale ; — Quant aux abonnements, il avait inventé une méthode fort agréable, et que nous recommandons à nos confrères de province, qui se trouveraient au-dessous de leurs affaires.

Le citoyen Richardet ramassa dans les faubourgs de Salins tous les vignerons de mauvaises mœurs, ses camarades *de classe;* il en forma une troupe qu'il appela *ses sangliers,* et à cette époque de troubles, où l'action de l'autorité était presque nulle, il terrifiait les honnêtes gens par la crainte des misérables qu'un signe de sa main pouvait déchaîner. Aussi l'éloquence du *journaliste* obtenait-elle le plus grand succès auprès des Salinois, et l'on comprendra facilement qu'à cette parole : Vous n'êtes pas abonné ? les braves provinciaux, peu soucieux d'un *charivari* quelconque, s'empressait de remplir la caisse de la *Démocratie Jurassienne.*

Le citoyen Richardet, dont la renommée se répandit de la sorte parmi les *frères et amis* du Jura, qui l'avaient coiffé du sobriquet de capitaine *Ravageot*, éprouva bientôt le besoin de déployer ses talents sur une sphère plus haute ; il se sentit digne de devenir l'égal des Lagrange ; les lauriers de Greppo lui étaient à charge ; et un jour il annonça qu'il voulait être représentant du peuple.

Les *sangliers* se mirent en campagne, la *Démocratie Jurassienne* emboucha sa trompette ; le capitaine *Ravageot*, courut les grands chemins, et, moyennant une quantité d'abonnements dépensés en *soûlographies* démocratiques et sociales, il fut élu.

Parvenu à des grandeurs inespérées, le citoyen Richardet se donne des airs de Tranche-Montagne, qui le font admirer par les pratiques de Paul Niquet. Il a des allures d'élève-caporal, et, en sa qualité d'ex-artilleur, il ne dédaigne pas le petit canon. Il fait, chaque dimanche, les délices des associations de cuisiniers qui fricottent hors barrière. C'est là qu'il dégorge les discours dont il prive la tribune ; c'est là que le vigneron salinois vient recruter des vendangeurs pour écraser un jour des grappes d'*aristos* sous le pressoir de la *colère* du *peuple*. C'est là qu'il chante la *Carmagnole* en défiant les *mouchards* de le prendre au collet.

Cependant, malgré ses façons de matamore, le montagnard Richardet n'est pas à l'abri de la peur. Il se croit menacé par une conspiration des *blancs ;* et quiconque est capable d'exhiber une chemise immaculée est réputé *blanc* par ce rouge livide. Il ne passe qu'en frissonnant à côté d'un paletot non graisseux ; l'éclat d'une botte vernie lui donne des vertiges ; le balancement du plus mince jonc ciselé le rend ombrageux et rétif ; il a toujours la main dans sa poche, crispée sur son écharpe, prêt à la déployer en se déclarant *inviolable.*

« — Cette position m'embête, disait-il un jour à son ami Monnier (de la Haute-Loire), dans la réunion montagnarde de la rue du Hasard ; ces b... là violent la Constitution sans se gêner ; c'est mauvais signe pour nous ; je serais d'avis de *filer* dans mes vignes, et de me claquemurer derrière mes braves *sangliers* du Jura.....

« — Allons donc, s'écria le gros Monnier, en renfonçant son chapeau ; allons donc, es-tu fou ? mais si nous quittions la place, *il n'y aurait plus d'étoiles au ciel de la démocratie....* (historique). Et puis, nos 25 francs, — donc ? est-ce que tu as des *monarques,* toi ?...

« — Mais, s..... reprit Richardet, ma peau vaut plus de 25 francs ; j'ai le pressentiment que ces gueux d'aristocrates me tueront. Ils ont bien tué ce pauvre Marat ! .....

« — Eh bien ! fais-toi faire une cuirasse, et laisse-moi tranquille. »

La cuirasse fut fabriquée par un coutelier socialiste, qui demeure au pied de l'église Saint-Jacques-de-la-Boucherie.

Les montagnards ont été si ravis du modèle créé par l'artiste, que les commandes affluent dans sa boutique.

Quelques-uns de ces messieurs sont pourvus de poignards ; mais qu'on ne s'en effraie pas trop, la main des terroristes du jour n'est propre tout au plus qu'à éplucher des cerneaux.

Pierre Leroux.

> Les différents systèmes socialistes ressem-
> blent à ces chapelets d'œufs de crapauds qu'on
> trouve, en été, dans les marais fangeux.
>
> Il n'y a de vérité que dans la *triade* et le
> *circulus.*
>
> PIERRE LÉROUX.

Pierre Leroux est un de ces hommes contre lesquels il n'est pas possible de se mettre sérieusement
en colère. C'est un personnage aussi lourd qu'inof-
fensif, et si nous ne lui devons pas de bienveillance,
du moins ne lui serons-nous pas hostile, comme à
l'égard des bravaches de la Montagne. Pierre Leroux
s'est trouvé lancé par les circonstances au milieu
d'un parti dont la violence ne convient pas à ses
allures habituelles ; il a vainement cherché à se monter au diapason des grands hurleurs ; sa nature philosophique ne lui a pas permis d'y réussir ; et nous
devons rendre hommage à ce bon côté de son caractère. Il lui arrive bien, parfois, de se laisser entraîner à des pantomimes désolées, de secouer sa chevelure au vent des tempêtes parlementaires, et même
de s'élever jusqu'à des protestations guerroyantes ;
mais ces accès de satyriasis tribunitien sont essentiellement passagers ; le citoyen Pierre retombe pres-
qu'aussitôt, de toute sa candeur, dans sa bonhomie
rêveuse et quasi platonicienne. Ses adversaires de la

majorité ne peuvent lui garder rancune, et à l'aspec de ce prophétisme ossianique dont les flots coulent sans fureur, le sourire déride tous les visages, et l'austère président de l'Assemblée législative se trouve désarmé.

Il n'y a rien de curieux à rechercher dans la vie passée de Pierre Leroux. Ses ouvrages le contiennent tout entier, et nous n'avons pas l'intention de nous égarer dans les nuages de sa pensée. Tout ce qu'il est utile de dire sur ce Montagnard à l'eau de rose, c'est qu'il paraît dater de la fin du dernier siècle. Comme tous les hommes plus ou moins révolutionnaires, il a longuement cherché sa carrière définitive. D'abord ouvrier typographe, puis saint-simonien, il s'éveilla un jour publiciste. Directeur d'une encyclopédie dont personne ne s'est occupé, il fonde ensuite une *Revue* sans abonnés, pour occuper les presses d'une petite imprimerie qu'il avait achetée à Boussac, dans la Creuse. Nouveau Robert d'Arbrisselle, il essaye de créer un bercail féminin, composé de femmes repenties et de brebis hors d'âge. Cet essai boulottait, lorsqu'arriva la révolution de février. A force de phrases nébuleuses délayées dans des livres dont on ne connaissait que le titre, Pierre Leroux s'était fait un petit nom dans la plèbe. On parlait de lui, sans trop savoir ce qu'il était, et comme la démocratie possédait peu de flambeaux, elle planta Pierre Leroux sur la Montagne, tout comme elle eût pu y planter le premier Tartempion venu.

Successivement constituant et législateur, Pierre Leroux n'a rien constitué, et ne légifère point davantage. Cependant, il occupe un rang dans son parti, et il a au moins l'agrément de représenter isolément quelque chose. Il existe, en effet, parmi les révolutionnaires, une certaine classe de songe-creux, qui ne menacent pas la société de réformes à main armée, et qui attendent des métamorphoses de l'esprit humain la rénovation du vieux monde. M. Pierre Leroux appartient à cette école d'illuminisme, qui peuple de rêves gris ou chagrins les fantastiques régions de la pensée. Il s'y est fait un sanctuaire d'où sa divinite laisse tomber, de temps à autre, des énigmes d'autant plus admirées qu'elles sont plus mystérieuses.

La doctrine de Pierre Leroux se compose de la *triade* et du *circulus*.

Savez-vous ce que c'est que la *triade* et le *circulus* ?

Je ne me charge point de vous expliquer ces arcanes. Je cède la parole au grand maître de la chose.

« Le vrai principe de l'organisation sociale future, dit majestueusement Pierre Leroux, est la TRIADE. La triade organique est l'association de trois êtres humains représentant chacun en prédominance l'une des trois faces de notre nature, l'une la *sensation*, l'autre le *sentiment*, le troisième la *connaissance*, dans une fonction sociale quelconque.

L'élément social du travail n'est donc pas un individu, mais trois individus, ou la triade.

Comprenez-vous, lecteur ?

Non.

Ni moi non plus; mais si nous comprenions, Pierre Leroux n'aurait plus de secret; il ne serait plus **un** grand homme tout seul; nous serions tous *Pierrele-routisés*, et le monde actuel s'évanouirait. Or, quoiqu'en disent les hommes rouges, ce pauvre monde n'est pas tellement affreux qu'on n'y puisse **vivre** encore un peu de temps, surtout lorsqu'on **est** aussi peu renseignés que nous le sommes sur les merveilles hypothétiques du monde futur.

Passons au *circulus*, si vous le voulez bien. M. Pierre Leroux a la parole, pour la seconde fois; écoutez bien.

« L'histoire naturelle et la chimie nons apprennent que les êtres animés se nourrissent les uns des autres; ceux de l'ordre supérieur consomment la substance de ceux de l'ordre inférieur. Mais **la** destruction des substances consommées par les êtres animés pour leur alimentation n'est qu'apparente. Ces êtres rendent à la terre, sous la forme de détritus de la digestion, d'exhalaisons liquides ou gazeuses, enfin de cadavres, la même somme de matière organique qu'ils lui ont empruntée pour entretenir leur existence. Cette matière, élaborée par les forces naturelles, reproduit de nouveaux êtres animés. Ainsi, la vie renait de la mort, la production de la consommation, par un cercle éternel. Telle est la loi du CIRCULUS, loi générale, loi primitive de la création. »

Comme j'ai la faiblesse de me déclarer aussi peu éclairé par le *circulus* que par la *triade*, sur les destinées futures de l'humanité, je me garderai bien de disputer pour ou contre.

Un gaillard, avec lequel je vous ai fait lier connaissance dans le cours de cet écrit, un inventeur d'avenir, qui n'irait pas de main morte en fait de révolution si on lui prêtait vingt-quatr heures d'activité, Proudhon, ne paraît pas avoir compris davantage l'ineffable découverte de Pierre Leroux ; mais, en revanche, il ne lui épargne point les camouflets.

Ah ! maître Leroux, vous vous êtes permis, dans un jour d'équité, de comparer les systèmes socialistes de vos confrères à ces chapelets d'œufs de crapauds qu'on trouve en été dans les marais fangeux ; et vous avez pu croire que vos confrères vous feraient grâce devant pareille irrévérence ?...

« Mais votre science (pardonnez-moi de copier textuellement les aménités de Proudhon à votre endroit), votre science sent le *cadavre,* et vous feriez de nos *citoyens* autant de cadavres, si on vous laissait faire. Ecoutez-moi, cher théoglosse. Je vous fais grâce de toutes les *folies* et *absurdités* que vous répandez à pleine bouche dans vos écrits et vos discours ; je vous ferais trop souffrir en les relevant.

Mais, je vous en préviens, je n'aime point votre façon jésuitique d'égorgiller un homme en l'embrassant. Vous pouvez qualifier mes idées, mon système, c'est votre droit; mais je vous défends de qualifier mes intentions, sinon je vous qualifierai vous-mêmes. Je vous marquerai si avant et si brûlant qu'il en sera fait mémoire dans les générations futures. Ce sera pour vous un moyen d'arriver à la postérité, plus sûr que la *Triade*, le *Circulus*, et toutes les fariboles charivariques de votre doctrine. Vous n'êtes qu'un *pâtissier,* et tous les autres ne sont que des *blagueurs.* — Salut et fraternité. »

Le même Proudhon se montrait encore moins poli quand il définissait le socialisme « *le dernier rêve de la* CRAPULE *en délire.* »

Je n'ajouterai rien aux diatribes de Proudhon. Depuis longtemps messieurs les socialistes de toute encolure ont pris l'habitude de s'étriller mutuellement. Heureux, serions-nous, s'ils lavaient leur linge sale en famille, et s'il nous épargnaient le scandale de leurs disputes.

Pour en revenir à M. Pierre-Leroux, nous constaterons, avec franchise, qu'il n'est pas dénué d'un certain prestige oratoire. Sa parole est facile, sa période abondante, quoique nullement diaphane. Il abuse, il est vrai, du mouchoir, pour ajouter parfois à la mélancolie de sa pose inspirée; mais la présence d'esprit ne l'abandonne jamais, et quand il est forcé par les impatients de quitter la tribune, il ne se

venge que par cette plainte d'une adorable naïveté :
« Quel dommage ! J'avais pourtant de bien bonnes
choses à vous dire ! »

M. Pierre Leroux est l'inventeur du *signe constitutionnel* de l'*avenir humanitaire*. « Ce signe, dit
M. Louis Reybaud, qui a fait une étude particulière
de sa doctrine, c'est le peuplier dont la structure exprime le mieux, parmi les végétaux, la similitude
des parties et leur égalité, ce qui a fait que son nom
antique est en même temps le nom de la multitude
ou du peuple. M. Pierre Leroux conserve cet em-
blême ; mais, conformément aux mystères des an-
tiques religions, il y ajoute les trois corps ou solides
de la révolution, le Cylindre, le Cône et la Sphère.
Je copie textuellement. Ainsi des peupliers seront
plantés et entretenus dans toutes les communes de la
République. L'état aura pour sceau un autel cylin-
drique surmonté d'un Cône surmonté d'une Sphère
rayonnante. Ce sceau de l'état sera appliqué en relief
de cire, sur tous les traités avec les nations étrangères, et sur l'original de toutes les lois. Chacun des
trois corps de la représentation aura pour sceau un
des trois solides de révolution dont l'unité compose
le sceau de l'état. Le corps exécutif aura pour sceau
le Cylindre ou son profil le carré, avec ce mot :
Liberté ; le corps legislatif, le Cône ou son profil, le
triangle équilatéral, avec ce mot : *Fraternité ;* le corps
scientifique, la Sphère rayonnante ou son profil, le
cercle entouré de rayons, avec ce mot : *Egalité.* Le

sceau de chacun des trois corps de la représentation nationale sera remis aux mains de la présidence de ce corps, pour être appliqué sur tous les actes de ce corps. »

Nous n'irons pas plus loin ; il est temps de tirer l'échelle.

Bourzat.

> Peuple, prends patience,
> Ledru-Rollin bientôt viendra :
> Ortolans tu mangeras,
> Et vin de Champagne tu boiras.

L'avocat limousin Bourzat, le célèbre orateur de la Montagne, est né à Brives-la-Gaillarde, ville renommée par ses animaux à longues oreilles, à voix éclatante, et par ses chardons.

Le citoyen Bourzat se recommande à l'attention par deux qualités éminentes ; c'est un des interrupteurs de première force de l'assemblée, et un de nos poètes les plus remarquables.

Il est vrai qu'il interrompt toujours en patois, ce qui fait que nous n'avons jamais pu retenir aucune de ses phrases ; — en revanche, nous possédons des échantillons distingués de son talent de versificateur.

Le citoyen Bourzat, poète révolutionnaire, a consacré sa muse à des sujets politiques ; dédaignant les lieux communs de ses devanciers, il a chanté les bienfaits de la sociale et les grands hommes qu'elle a produits. Son premier essai dans ce genre, fut écrit en l'honneur de l'illustre Miot, mis au pain sec par le président Dupin, pour insubordination. Cette complainte énergique obtint un succès d'estime.

> Modéré de la Nièvre,
> A dit le Montagnard,
> Je vous donne la fièvre
> A l'aide d'un regard ;
> Je suis donc bien vilain,
> Ignoble concitoyen ?
>
> En faisant la grimace,
> Le président lui dit :
> Allez à votre place.
> Mais Miot répondit :
> Si je voulais rester,
> Qui viendrait me pousser ?
>
> Aussitôt dans la plaine,
> La droite descendit ;
> Traqué par la migraine,
> Dupin se mit au lit,
> Disant à ses vassaux :
> J'ai peur pour mes châteaux !

Cette ravissante pièce de vers a, pour le style et l'entrain, une ressemblance de famille avec celle qui suit, que l'on a répandue dans le public, et dont l'auteur, trop modeste, a gardé l'incognito :

Arrêté concernant les complots Élyséens.

> Ceci vous avertit que Monsieur Bonaparte
> Prépare pour la France une nouvelle Charte ;
> Besson veut nous montrer sous un arc triomphal ,
> En habits d'Empereur un stupide animal.
> Insensés, nous rions de votre audace folle !
> La roche Tarpéienne est bien près du Capitole ;
> Craignez de n'y mêler, en acclamant César,
> Les éclats de vos os aux éclats de son char.

Du reste, sa spécialité de barde de la Montagne n'empêche nullement le citoyen Bourzat de se livrer à une propagande démoc-soc des plus effrénées, et les trois mois de vacances pendant lesquels il s'est reposé de ses orages parlementaires lui ont fourni l'occasion de se signaler dans ce genre d'industrie. Un de nos amis écrivait à ce sujet :

« Le citoyen Bourzat, representant du peuple, passe ses loisirs littéraires à colporter sa personne et ses discours démocratiques de ville en ville, de village en village et d'auberge en auberge. La petite ville de Beaulieu recevait hier dans son sein l'illustre Montagnard. Pendant deux jours, *nopces*, festins, bombance, accolades, *trinquades*, discours sur l'impôt des boissons, *chansons bachiques*, patriotiques, comiques, tragiques, entremêlés de vive Bourzat, vive la Montagne. Le tout couronné du chœur si connu de *bons, bons, vignerons*, etc. Il va sans dire que notre représentant a été reconduit jusqu'à la voiture qui devait le ramener à Brives, par tous les frères et amis de l'endroit, tous plus ou moins ivres... de patriotisme. On assure que M. Bourzat, touché jusqu'aux larmes de cette fraternelle ovation, aurait dit par la portière, en mettant son chapeau en travers, pour figurer l'historique tricorne : « Amis... je suis content de vous ! » Ces paroles, prononcées d'un ton d'empereur, auraient électrisé les assistants ;

Il faut dire que le bienheureux département, travaillé de la sorte, arrive à une moralité telle, qu'un instituteur vient d'y être suspendu indéterminément, « pour avoir, dit l'exposé des motifs, entretenu des relations scandaleuses avec une femme mariée ; pour avoir séduit une jeune fille de treize à quatorze ans, dont l'éducation lui avait été confiée ; pour être soupçonné d'être l'auteur d'un factum trouvé en sa possession, et intitulé : *Catéchisme d'un bon républicain*, ou entre autres infamies, se trouvait ce passage : *Quant à la chair, en useras avec fille et femme indistinctement ;* pour avoir fait preuve naturellement d'autant de dépravation politique que d'immoralité privée, et classé les élèves en catégories de *rouges* et de *blancs ;* enfin, pour avoir essayé de se justifier au moyen de certificats écrits de sa main. »

Après cela, comme dit Bilboquet, tous les goûts sont dans la nature ; — et les rouges ne font pas la petite bouche.

Malgré les détails cités plus haut, la mission entreprise avec tant de zèle par le citoyen Bourzat est

sujette aussi parfois à de burlesques dénouements ;
ainsi l'on nous raconte un curieux incident d'une
visite faite par M. Bourzat à ses amis politiques de
Juillac.

L'honorable représentant avait laissé, ce jour-là,
à l'écurie, son haridelle et son panneau ; il était venu
de Juillac à pied et en sabots, comme un simple électeur limousin.

La revue des frères et amis terminée, plusieurs
démocrates à qui le vin et la bière inspiraient pour
M. Bourzat une vive tendresse, lui exprimèrent le
désir de l'accompagner jusqu'à Rozier, où ils devaient se rendre. Le tambour-major de la garde nationale de Juillac faisait partie de cette escorte
d'honneur.

Le chemin de Juillac à Rozier est traversé par un
ruisseau bourbeux, considérablement grossi par les
pluies. — En l'absence d'un pont, les compagnons
de M. Bourzat franchirent ce ruisseau ; quant à lui,
gêné sans doute par ses sabots, il hésitait et n'osait
prendre son élan.

Voyant son embarras, le tambour-major s'empressa
d'accourir et proposa ses épaules en mode de nacelle.
— Cet homme, d'une encolure appétissante, se
posait en hercule et donnait de sa vigueur les as-
surances les plus hyperboliques. C'est ainsi que, pour
rassurer M. Bourzat sur les dangers de la traversée,
il lui offrait de le porter *à bras tendu* jusqu'à Rozier,
distant cependant de plusieurs kilomètres. — Cédant

enfin à son instance, et peut-être aussi par goût pour les points culminants, le représentant montagnard se hissa sur son dos, et s'y mit à califourchon.

Mais l'imagination avinée du tambour-major l'avait trompé sur le degré de ses forces, à peine avait-il fait deux pas, qu'il broncha et tomba à plat-ventre, avec sa charge, au milieu du ruisseau; sans un prompt secours, M. Bourzat se serait infaillible-ment noyé, car son malheureux porteur faisait pour se relever des efforts inutiles, et s'obstinait néanmoins à lui retenir les jambes fortement crochetées autour de ses reins.

Le citoyen missionnaire de la *rouge* ingurgita un volume d'eau double de ce que sa vaste capacité ren-fermait de vin; on le repêcha à la longue; et trempé, ruisselant, toussant et crachant, il regagna Brives de l'air du corbeau volé par le renard, jurant, mais un peu tard, qu'on ne l'y prendrait plus.

Auguste Avond.

> On a été jusqu'à dire que j'aurais été frappé, comme s'il y avait un homme assez osé pour porter la main sur moi !
>
> A. Avond.

Une tête de bélier gras, soudée sur un corps d'hippopotame, une tournure de marchand de salade bas-normand, tels sont les traits distinctifs du citoyen Auguste Avond.

Au moral, le portrait n'est pas moins flatteur. Nous essayerons d'en donner à nos lecteurs une idée de quelque étendue.

Le citoyen Avond, fils d'un boutiquier quelconque de Montbrison, fut, après la catastrophe de février, envoyé, faute de mieux, par les bourgeois de la Haute-Loire, à l'assemblée des représentants.

Quelques tartines dans les feuilles démoc-soc, en faveur de la réforme, le diplôme d'avocat, composaient tout le bagage du nouvel élu, lors de son arrivée à Paris ; il sentit le besoin d'une part plus large au soleil, et les parasites qui se gobergeaient à la table du pouvoir lui jetèrent l'os de chef de cabinet au ministère de la justice. On s'épanouissait vite dans ce temps-là.... — sans cette maudite réaction qui a tout arraché !.....

Le citoyen Avond se prononça naturellement pour la ligne exagérée de ses patrons ; il vota à leur suite toutes les mesures rouges qui nous menaient à l'anarchie ; et quand les vulgaires conspirateurs quittèrent tristement la direction de l'Etat, sous l'anathème des gens de cœur, le familier de la Montagne dut résigner ses fonctions, et, douleur plus grande ! son lucratif traitement.

Réduit à ses loisirs de représentant, le citoyen Avond chercha, dans une distraction agréable, le moyen le plus propre à se consoler de sa peine.

L'avocat écrivassier entretenait depuis un certain temps, avec M. Roger de Beauvoir, le romancier connu, une liaison intime, continuée dans les meilleurs termes de la part de celui-ci ; mademoiselle Doze, la charmante actrice des Français, que, jadis, nous avons admirée tous, alors la femme de M. de Beauvoir, faisait les honneurs de la maison de son mari avec qui elle avait vécu jusque-là dans l'union la plus parfaite. Le citoyen Auguste Avond alla confier ses chagrins au couple compâtissant, et.....

— Mais comme le citoyen Auguste Avond me traduirait en police correctionnelle pour diffamation, et qu'il lui serait particulièrement désagréable de se trouver en face de moi, pour un fait dont je régalerai mon lecteur, j'aime beaucoup mieux copier, dans la *Gazette des Tribunaux*, la requête que, peu de mois ensuite, M. de Beauvoir présentait dans un procès en adultère intenté par lui à Mlle Doze :

« M. Roger de Beauvoir a épousé Mlle Doze le 7 janvier 1847 ; par le contrat de mariage, il avait assuré à sa femme des avantages considérables. Les époux vécurent en bonne intelligence jusqu'au moment où M. Auguste Avond vint apporter des germes de dissension entre les deux époux.

« Voici les faits :

« 1° Pendant que le domicile de Mme de Beauvoir, rue Monthabor, était légalement interdit à M. de Beauvoir, M. Auguste Avond y faisait, lui, à Mme de Beauvoir de fréquentes visites, et souvent jusqu'à une heure assez avancée de la nuit ; les vigilances de Mme Doze les entretenaient, et cela sous les yeux d'un enfant de trois ans, le fils de M. de Beauvoir. Mme de Beauvoir a été vue avec M. Auguste Avond dans les promenades publiques et au théâtre.

« 2° Trois jours après son entrée au service de Mme de Beauvoir, rue Monthabor, le 16 mars 1848, la femme de chambre a vu M. Auguste Avond embrassant Mme de Beauvoir ; celle-ci, honteuse d'avoir été surprise, prit sa tête dans ses mains et s'en alla dans sa chambre. M. Auguste Avond resta debout devant la cheminée du salon.

« 3° Quelques jours après, la même femme de chambre ayant introduit M. Avond dans le salon, Mme de Beauvoir le conduisit dans sa chambre. M. Avond y est resté depuis dix heures du matin jusqu'à une heure de relevée.

« 4° Le premier samedi qui suivit le départ de M. de Beauvoir pour Londres, M. Avond vint à Santeny avec Mme de Beauvoir. Mme Doze la mère, dit à Rosine, la femme de chambre, de faire un lit pour Mme de Beauvoir, qui n'y couchait pas quand M. de Beauvoir était parti de Santeny.

« 5° Mme Doze la mère et Mme de Beauvoir ont fait, à plusieurs reprises, de vains efforts pour que la jeune femme de chambre prît pour amant M. S..., médecin, qui ccompagnait M. Avond, et se trouvait toujours un des amis du samedi au château. Un jour, c'était la fête de Brise-Comte-Robert, M. S... insista beaucoup lui-même près de cette femme de chambre pour qu'elle y allât avec lui.

« 6° Au commencement de juin 1848, le jour du retour de Mme de Beauvoir à Santeny, après la réconciliation amenée entre elle et son mari, Mme de Beauvoir et sa mère donnèrent l'ordre aux domestiques et au concierge de ne recevoir que M. Auguste Avond, lequel accompagna Mme de Beauvoir et sa mère dans leur voiture jusqu'à Charenton. M. Auguste Avond et Mme de Beauvoir ont été vus et entendus pleurant et sanglottant au moment de leur séparation ; c'était le soir du jour où Mme de Beauvoir revenait, pour la première fois, à Santeny, depuis la réconciliation opérée.

« 7° Le jour de la fête de Brie-Comte-Robert, Mme de Beauvoir, Mme Doze la mère, M. Auguste Avond et son ami, M. S..., allèrent à la fête dans l'américaine de M. de Beauvoir ; une pluie d'orage fondit sur eux ; M. Auguste Avond conduisait lui-même la voiture, et, comme il avait été trempé par la pluie, Mme de Beauvoir, elle-même, lui apporta dans sa chambre une chemise de femme, afin qu'il changeât de linge, et elle obligea M. Avond de se montrer, vêtu de cette chemise, sur le palier, ce qu'il parut faire de mauvaise grâce.

« 8° M. Avond et Mme de Beauvoir ont été vus plusieurs fois s'embrassant, soit dans la maison, soit dans le parc ou les jardins. Ils y restaient ensemble, et souvent jusqu'à une heure très-avancée de la nuit, quelquefois dans un costume peu décent, ce qui faisait dire aux gens du village que, s'il y avait un feu assez haut, montant au ciel, pour brûler ces dames, il serait encore trop petit.

« 9° Lorsque, chaque matin, le facteur apportait des lettres à Santeny, pendant le séjour de M. Roger de Beauvoir, il les remettait à la cuisinière Louise, qui les cachait par ordre de sa maîtresse.

« 10° En l'absence de M. Roger de Beauvoir, et quand M. Avond était à la Folie-Bellanger, il arrivait souvent à celui-ci de décacheter, devant les domestiques, les lettres que M. Roger de Beauvoir adressait, de Londres ou de Boulogne, à sa femme. Mme de Beauvoir avait pris l'habitude de lui remettre elle-même ces lettres, pour qu'il les ouvrît et en prît connaissance.

« 11° Chaque fois que M. Avond était à Santeny, Mme de Beauvoir s'enfermait avec lui dans sa chambre ; elle ne montait pas moins fréquemment dans la chambre de M. Avond, et cela de jour et de nuit.

12° Vers le commencement d'août dernier, un soir que M. Avond embrassait Mme de Beauvoir, celle-ci lui ayant dit : « Cher ami, votre barbe me fait mal, » on appela un domestique pour qu'il fît la barbe à M. Avond. Il était alors onze heures du soir.

« 13° Chaque samedi, Mme de Beauvoir allait ou envoyait chercher M. Avond dans sa voiture jusqu'à Créteil, au bureau des omnibus.

» 14° Dans la nuit du samedi 19 au dimanche 20 août, M. Auguste Avond a été surpris à quatre heures et demie du matin en chemise et en pantoufles, sortant de la chambre de Mme de Beauvoir, et remontant dans la chambre où il couchait d'habitude.

« 15° Le dimanche 20 août, à neuf heures et demie du matin, Mme de Beauvoir est montée à la chambre de M. Avond ; elle a laissé la porte entr'ouverte ; la cuisinière les a vus et entendus ; elle est redescendue tout émue, et a dit aux domestiques qu'elle venait du surprendre M. Avond avec Mme de Beauvoir.

« 16° Il est arrivé quelquefois au domestique, quand il venait, le matin, prendre le pantalon et l'habit de M. Avond pour les brosser, de ne trouver personne dans la chambre.

« 17° Le dimanche 27 août, un cocher de citadine est allé prendre Mme de Beauvoir et M. Avond rue Monthabor. Ce dernier a accompagné, les larmes aux yeux, Mme de Beauvoir et Mme Doze la mère, jusqu'à la barrière de Charenton. »

On a jasé, vers cette époque, d'un représentant surpris la nuit par un époux outragé, se sauvant en chemise sous une grêle de coups de canne, et ramassant dans la rue ses habits jetés par une fenêtre ; — le mari réclamant en vain, par la suite, satisfaction sur le terrain, et se livrant, après un refus, à des gestes fort *touchants* ; — nous sommes tellement convaincus que ce fait est un affreux cancan qui n'a aucun rapport avec le procès que nous rapportons, que nous n'en parlerons même pas.

Cependant M. de Beauvoir n'ayant pu, à cause de sa qualité de membre de la représentation nationale, obtenir satisfaction légale du citoyen Auguste Avond, dont il prétendait avoir à se plaindre, inventa, pour se venger de lui, une combinaison fort curieuse, et qui réussit à merveille.

·L'assemblée constituante s'apprêtait à se séparer ; les élections pour l'assemblée législative s'organisaient dans les départements ; et le citoyen Avond, qui faisait le bon apôtre auprès des modérés de la Haute-Loire, croyait sa candidature à l'abri de tout échec ; — l'infortuné comptait sans son hôte, — c'est-à-dire sans M. Roger de Beauvoir.

L'écrivain rancuneux rédigea un compte-rendu impitoyable de la conduite scandaleuse qu'il attribuait au citoyen Avond ; il fit imprimer cet odieux libelle, et le répandit à profusion dans tout le département de la Haute-Loire, adressant de préférence l'écrit divulgateur aux curés, aux magistrats, aux maires, à toutes les personnes jouissant de quelque influence sur l'opinion publique.

Ce calcul atroce eut le plus déplorable résultat ; la soi-disant morale s'effaroucha ; les électeurs se posèrent en pudibonds ridicules, et la France fut privée des lumières ainsi que de la sagesse gouvernementale de l'illustre citoyen Avond.

Nous dirons, pour rendre hommage à la vérité, que le représentant, dégommé et furieux, a demandé raison à M. Roger de Beauvoir de cette mauvaise plaisanterie... en police correctionnelle.

Depuis, le citoyen Avond qui, dans l'espoir d'une revanche un tant soit peu *fraternelle*, s'est jeté dans la *sociale* jusqu'au cou, et qui possède voix délibérative au conclave rouge, le citoyen Auguste Avond exerce la profession de défenseur, auprès des tribunaux correctionnels, de tous les démoc-soc *malheureux*, auxquels sa carrure épaisse, sa figure de paysan mal venu, lui donnent un air de parenté attendrissante.

Pour que la ressemblance soit complète, le citoyen Auguste Avond a adopté jusqu'au langage des *infortunées victimes* de l'arbitraire des agents de police ; il se sert de mots démocratiques afin d'affronter les aristocrates, et, pour peu que cela continue, la presse regorgera bientôt de réclamations semblables à celle qui suit :

CORRESPONDANCE DU *CORSAIRE :*

ENCORE UN MIOT.

Paris, 22 octobre 1850.

Monsieur le Rédacteur,

« La mode a bien changé ! Messieurs les démocrates, qui jadis se plaignaient si fort de ce qu'on ne répondait pas à leurs provocations, ne daignent pas, par le temps qui court, se mesurer avec leurs adversaires.

« M. Avond, l'ex-représentant, l'ex-magistrat connu dans la presse, — et pour cause, — aujourd'hui avocat de tous les frères et amis, plaidait hier pour le *Peuple de* 1850, cité en diffamation par un journal de l'ordre auquel je suis attaché.

« M. Avond s'était servi, dans sa défense, de termes peu parlementaires ; à la sortie du tribunal, je lui demandai quel sens il avait entendu donner à ses paroles.

« M. Avond me répondit qu'en robe, il ne donnait jamais ces sortes d'explications. Sur quoi, lui ayant répliqué que j'attendrais très-bien qu'il se mît en bourgeois, l'ex-représentant de la gauche se réfugia chez M. le procureur de la république, d'où il s'évanouit par une porte dérobée.

« Comme je n'avais pas, dès l'abord, décliné mon nom, je pensai que sans doute, — et ce sentiment est louable, surtout chez un Montagnard, — M. Avond, me confondant avec la *vile multitude,* n'avait pas cru devoir m'accorder l'honneur d'un entretien.

« Je me présentai donc ce matin chez l'ancien fonctionnaire, accompagné d'un ami, et nous envoyâmes nos cartes, avec une demande d'audience parfaitement convenable, à M. Auguste Avond, lui rappelant l'incident de la veille, et lui demandant quel genre de satisfaction il entendait fournir pour une insulte publique.

« M. Avond, qui s'était mis sous la protection de son concierge, me fit dire qu'il n'avait rien à me répondre ; qu'il ne voulait pas nous recevoir, et que, si nous persistions à troubler son repos, il réclamerait l'intervention de l'autorité.

« Comme vous le pensez, nous nous retirâmes avec les sentiments que devait nous inspirer cette conduite.

« Veuillez apprécier, Monsieur le rédacteur, ce procédé de l'une des notabilités socialistes ; peut-être une circulaire intime de son patron, le héros du vasistas, lui a-t-elle recommandé de prendre garde à carreau.

J'ai l'honneur d'être votre très-dévoué serviteur.

Comte CHARLES DE LA VARENNE.
Ex-officier au service sarde.

Depuis ce moment, tout individu porteur d'un habit propre, de gants et de bottes non percées, est consigné rigoureusement chez le portier du citoyen Avond ; on ne laisse monter les blouses qu'en tremblant, et après s'être assuré si elles sont *bon teint*.

DERNIER MOT

DU

citoyen MICHEL, dit de Bourges,

Chef de la Montagne.

DERNIER MOT

du citoyen MICHEL, dit de Bourges.

> N'avoir pas d'opinion est un malheur, en changer est un *crime*. L'homme qui embrasse une opinion doit mourir pour elle et avec elle. — Que si son esprit, éclairé par une soudaine et fatale illumination, craint de s'être trompé, il n'ira pas, *transfuge méprisé*, grossir les rangs du parti contraire ; mais, se condamnant au silence, à la solitude, à l'obscurité, il pleurera dans la retraite où il s'est mis par une erreur involontaire, *l'impossibilité de figurer désormais sur une scène politique.*
>
> 1829, Me MICHEL, *royaliste.*

1827. — VIVE LE ROI CHARLES X ! ! !

« C'est aujourd'hui que la Cour royale de Bourges s'est réunie en audience solennelle pour procéder à l'inauguration du portrait de Sa Majesté Charles X, donné à la Cour par M. de Peyronnet. M. le premier président a exprimé avec une noble et touchante simplicité les sentiments d'amour, de respect et de reconnaissance que la bonté du monarque lui inspirait. La Cour partage mes sentiments, s'est-il écrié, car elle est toute française ! — Il a fait l'éloge de Henri IV, de Louis XVIII et de Charles X, tous les trois élevés à l'école du malheur, tous les trois repoussés d'abord par leurs sujets et appelés ensuite par le vœu de la nation, tous

18,

les trois mettant leur gloire à donner au peuple confié à leurs soins des institutions fortes, sages et religieuses. M. le premier président a fait observer ensuite que ce n'était pas sans raison, que sur l'un des coins du tableau on avait reproduit l'article de la Charte : Toute justice émane du roi; — et cette remarque lui a servi de transition pour rappeler l'origine des institutions judiciaires et les devoirs du magistrat.— Enfin le cri de *Vive le roi* a couronné ce discours, comme expression de l'allégresse publique. »

2 mai 1827. Me MICHEL.

« L'on m'accuse d'avoir attaqué l'autorité du roi, et moi je prétends que j'ai voulu la défendre. Eh quoi! je veux battre en brèche l'autorité du roi, et je commence par défendre la Charte où elle est écrite, développée, consacrée ; je veux anéantir l'autorité du prince, et je prévois, pour les amortir, les attaques que l'on se propose de diriger contre la loi des lois, où cette même autorité est déposée en un lieu élevé, inaccessible, comme l'arche sainte dans le sanctuaire ! Je veux m'emparer de la place, et je fortifie les remparts qui l'environnent et la protégent, et j'écarte les ennemis qui l'assiégent, et je cherche le moyen de les dérouter, de les prévenir et de les disperser !

« Honneur aux magistrats dont le courage sut comprendre et proclamer les conséquences du gouvernement que Louis XVIII NOUS A DONNÉ, qu'a juré de maintenir son AUGUSTE SUCCESSEUR ! »

23 décembre 1829.   Me MICHEL.

1830. — VIVE LE ROI LOUIS PHILIPPE ! ! !

A son Altesse Royale. Monseigneur le duc
d'Orléans.

Monseigneur,

« Les habitants de Bourges, soussignés, *gémissaient depuis longtemps sous le joug d'un roi* qui n'avait pas compris le bonheur de régner sur des hommes libres.

En adhérant pleinement à toutes les mesures prises par le nouveau gouvernement, nous osons vous supplier de recevoir notre protestation contre la reconnaissance du duc de Bordeaux, en qualité de roi de France.

La couronne ne doit appartenir qu'à celui qui a combattu pour nos libertés, qui a chéri et protégé nos institutions. C'est à vous, Prince, que nous désirons la voir offrir par le peuple français.

Les soussignés sont avec un profond respect,

Monseigneur,

Vos très-humbles et très-obéissants serviteurs.

2 août 1830.   Louis Michel, etc.

1847. — VIVE GUIZOT !

« Non, le journal du Cher n'a pas cessé de soutenir la politique de M. Guizot, cette politique qui vient de recevoir une consécration nouvelle par l'élévation de son représentant le plus éminent à la présidence du conseil.

Me MICHEL.

1848. — VIVE LA RÉPUBLIQUE ! ! !

Habitants de Bourges,

La royauté a disparu devant le *souffle* tout-puissant du Peuple.

La République est proclamée.

Le courage du peuple l'a fondée : *la sagesse du peuple* saura la maintenir puissante et glorieuse.

Le conseil municipal de Bourges s'empresse d'adhérer au *nouveau gouvernement* et de le proclamer.

Le concours des autorités, de la garde nationale et de tous les citoyens lui est assuré ; le développement et la consolidation des institutions républicaines s'opéreront au sein de l'ordre, de la paix et de la liberté, *conquétes et gages de la nouvelle révolution !*

Arrêté en conseil municipal, le 26 février 1848.

MAYET-GENETRY, maire,

BOUCHERON, PLANCHET, adjoints;

Rédaction du citoyen Michel, proclamateur de la République, à Bourges.

Destitués, le surlendemain, comme réactionnaires, par le citoyen Michel, commissaire général.

1850.

VIVE LA SOCIALE ! — VIVE LA ROUGE ! ! !

. . . .

. . . . . . , ...

MICHEL-MARAT.

TABLE DES MATIÈRES

TABLE DES MATIÈRES

2ᵉ Partie. — Les Représentants.

FIN DE LA TABLE.

ALLOUARD et KAEPPELIN, Libraires-Éditeurs,

12, rue de Seine-Saint-Germain.

Pour paraître incessamment :

DE LA SUPÉRIORITÉ

DE

L'ÉTAT MONARCHIQUE

EN FRANCE

PAR

CHARLES DE LA VARENNE

1re Partie : LES PRINCIPES ET LES RÉSULTATS.
2e Partie : LES HOMMES ET LES CHOSES.
3e Partie : UN ROI SAUVEUR.

Un beau volume in-18 : 3 francs.

Cet ouvrage, basé sur des raisonnements et des faits à l'appui desquels viennent se grouper des preuves incontestables, a pour but de retremper les esprits jetés hors de leur route par le vent de doctrines subversives dans le retour vers un principe, seul capable de retenir la société qui chancelle sur l'abîme des révolutions.

Ce livre est écrit pour prouver la supériorité d'une forme de gouvernement, forte de quatorze siècles d'existence, de la civilisation, du rang élevé qu'occupait la France parmi les nations, sur un système faux et bâtard, dont l'avénement a jadis roulé nos berceaux dans le sang de nos pères ; sur ce même système qui, tombé sous l'exécration générale, est ressuscité aujourd'hui, avec le même nom odieux de république, pour désorganiser peu à peu toutes choses dans l'État, pour relâcher tous les liens de la famille, menacer la propriété, paralyser le commerce, et pour tarir, par l'émeute en permanence, les sources de la prospérité morale et industrielle du pays.

La première partie : *les Principes et les résultats,* après une exacte définition de la monarchie et de l'état démocratique, nous montrera la France avant 89, et la France telle qu'elle est aujourd'hui. L'historique complet de ces deux époques y sera tracé.

La deuxième partie : *les Hommes et les choses,* est destinée à mettre en parallèle les partisans actuels de la monarchie, les défenseurs du gouvernement républicain, la conduite politique des plus éminents d'entre eux, leurs prétentions, leurs idées ; — la presse démocratique, la presse royaliste, toutes les institutions destinées à mettre un système en lumière, seront passées en revue ; et l'on pourra se convaincre après un impartial examen, après avoir pesé la moralité des représentants des deux systèmes antagonistes, du degré d'estime que l'on doit accorder aux hommes et aux choses de chaque parti, — conséquemment, aux principes qu'ils personnifient.

La troisième partie : *Un roi sauveur*, est la déduction logique des deux premières. Après avoir montré le mal, nous indiquons le remède. A ces hommes qui, dans leur fureur désorganisatrice, prônent l'anarchie comme résultat fatal de la crise que traverse la société ; à ces terroristes pour lesquels l'avenir est une guillotine fonctionnant sans cesse, nous opposons un prince intelligent et dévoué, dont le nom est le symbole de toutes les gloires, de toutes les libertés nationales de la France ; un prince qui, grandi par l'exil, par l'éducation forte du malheur, étranger à toutes nos luttes, attend à l'écart, pénétré du sentiment grandiose de sa mission : l'ère des révolutions à fermer pour jamais.

On souscrit d'avance chez l'Editeur, 12, rue de Seine.

Adresser toutes les demandes et les lettres *franco*.

L'AMI DU PEUPLE

Journal quotidien, politique et littéraire,

MISE EN ACTIOHS

RÉDACTION :

M. le Marquis ACHILLE DE JOUFFROY, rédacteur en chef.

RÉDACTEURS PRINCIPAUX :

MM. MARCHAL,
LUCAS,
OSCAR DU TEIL,
DE LOMBARDY,
NICOL DE KERGRIST,
CHARLES DE LA VARENNE.

Administrateur-gérant : A. SIROU.

Bureaux: RUE D'ENGHIEN, 8.

Capital social : 200,000 francs, divisé en 2,000 actions de 100 francs.

Paris. — Imp. J.-B. GROS, rue du Foin-Saint-Jacques, 18.

www.ingramcontent.com/pod-product-compliance
Lightning Source LLC
Chambersburg PA
CBHW061305030726
47595CB00001B/221